D1725415

Kleine Schriften zur Aufklärung

HERAUSGEGEBEN VON DER LESSING-AKADEMIE
WOLFENBÜTTEL

9

ARNO SCHILSON

»... auf meiner alten Kanzel, dem Theater«

Über Religion und Theater bei Gotthold Ephraim Lessing

LESSING-AKADEMIE · WOLFENBÜTTEL

WALLSTEIN VERLAG · GÖTTINGEN

REDAKTION: CLAUS RITTERHOFF · LESSING-AKADEMIE

Der Verlag dankt Ilka Holzinger und Karl-Heinz Tendis
für die Mitarbeit bei Lektorat und Korrekturen.

Die Deutsche Bibliothek – CIP-Einheitsaufnahme

Schilson, Arno:
»... auf meiner alten Kanzel, dem Theater« : über Religion und Theater bei
Gotthold Ephraim Lessing / Arno Schilson.
Lessing-Akademie Wolfenbüttel. –
Göttingen : Wallstein-Verl., 1997
(Kleine Schriften zur Aufklärung ; 9)
ISBN 3-89244-245-2
NE: GT

© Wallstein Verlag 1997
Vom Verlag gesetzt aus der Times Antiqua
Druck: Hubert & Co, Göttingen
ISBN 3-89244-245-2

Die Kontroverse zwischen dem Dichter und Denker Gotthold Ephraim Lessing und dem lutherischen Hauptpastor Johan Melchior Goeze aus Hamburg hat weit über das Jahr 1778 hinaus große Beachtung gefunden.[1] Obwohl der Streit kaum mehr als ein halbes Jahr dauerte, übertraf er in Form und Inhalt all jene Auseinandersetzungen, die beide Kontrahenten zuvor mit anderen Gegnern geführt hatten. Bereits die Titel der wechselseitigen Streitschriften geben einen Eindruck von der Heftigkeit dieser Kontroverse: Lessing setzte ein mit einer *Parabel,* der er vorsorglich *Eine kleine Bitte* sowie *Ein eventuales Absagungsschreiben* an den Hauptpastor beigab. Am Ende standen elf *Anti-Goeze,* voller ätzender Polemik, schwarzer Satire und beißendem Spott. Goeze gab sich nicht minder streitlustig und antwortete mit gleichen Waffen. Seiner Ouvertüre mit dem spöttischen *Etwas Vorläufiges gegen des Herrn Hofrats Leßings mittelbare und unmittelbare feindselige Angriffe auf unsre allerheiligste Religion, und auf den einigen Lehrgrund derselben, die heilige Schrift* ließ er gleich drei Schriften folgen, denen er den knappen polemischen Titel *Leßings Schwächen* gab.[2]

Lessing und Goeze:
Dimensionen einer theologischen Kontroverse

Es war ein theologischer Streit, den der Gottesmann und der Dichter mit großer Heftigkeit ausfochten. Interessiert nahm eine breite Öffentlichkeit daran Anteil. Vor dem Publikum, vor Menschen also, die zwar nicht theologisch gebildet, an Glaubensfragen aber äußerst interessiert waren, wollte Lessing diese Auseinandersetzung führen. Jeder sollte sich frei und ohne Bevormundung seine Meinung bilden können. Lessing appellierte an das »Selbstdenken« – eine programmatische Forderung der Aufklärung. Dieser grundlegenden Maxime folgte seine publizistische Offensive. Doch Goeze war daran gelegen, den Streit wieder zurückzuholen in die Abgeschiedenheit der theologischen Fachwelt. Er wollte ihn in der Sprache der Gelehrten, also in Latein führen und damit das Publikum ausschalten. Deshalb wurde er nicht müde, auf die Gefährdung der öffentlichen Ordnung zu verweisen und die Erschütterung der Grundfesten des Staates durch die von Lessing angeblich geschürten

Zweifel an der christlichen Religion zu beklagen. Immerhin hatte Lessing mit seinen begründeten Zweifeln an der absoluten Irrtumslosigkeit der Bibel und deren alleiniger Gültigkeit das Grundgefüge des lutherischen Bekenntnisses erschüttert und damit den Religionsfrieden frevelhaft gebrochen – ganz zu schweigen davon, daß sich die Rechte der Obrigkeit auf biblische Aussprüche gründeten und daher durch jede Kritik an der Bibel ins Wanken gerieten.[3]

Am 6. Juli 1778 machte Lessings Dienstherr, Herzog Carl von Braunschweig, dem Streit ein plötzliches Ende. Er befahl dem Verleger Remer, »[...] von gedachtem Hofrath und Bibliothekar Lessing ferner nicht das geringste, es sey denn zuvor die Handschrift an Unser F. Ministerium eingesandt und von demselben gebilliget worden, zum Druck anzunehmen, noch wenn dergleichen etwa wirklich unter der Presse sich befinden solte, auszugeben [...]«.[4] Diesen Entzug der Zensurfreiheit bestätigte der Herzog letztmalig am 17. August. Dabei untersagte er Lessing ausdrücklich,»daß er in Religions-Sachen, so wenig hier als auswärts, auch weder unter seinem noch anderen angenommenen Namen, ohne vorherige Genehmigung des Fürstl. Geheimen Ministerii ferner etwas drucken lassen möge«.[5]

Die Tragweite des ersten Herzoglichen Schreibens und der damit verbundene tiefe Einschnitt waren Lessing sehr wohl bewußt. Ein sprechendes Zeugnis schildert seine Reaktion, als er – wohl am Abend des 8. Juli – von dem Erlaß des Herzogs gegenüber seinem Verleger erfuhr:

Es war Abends um sieben Uhr, und ich wollte mich eben hinsetzen, meinen XII. antig.[oezischen] B.[ogen] auf das Papier zu werfen, wozu ich nichts weniger, als aufgelegt war; als mir ein Brief gebracht wird, aus welchem ich sehe, daß ich es damit nur anstehen lassen kann – daß ich es damit vielleicht auf lange werde anstehen lassen müssen. Das ist doch ärgerlich! sage ich mir, wie wird der Mann triumphieren! Doch er mag triumphieren. Ich, ich will mich nicht ärgern; oder mich geschwind, geschwind abärgern, damit ich bald wieder ruhig werde, und mir den Schlaf nicht verderbe, um dessen Erhaltung ich besorgter bin, als um alles in der Welt.[6]

Zum Schweigen verurteilt scheint Lessing nach diesem erzwungenen Abbruch eines Streites, der als eine der wichtigsten theologischen Auseinandersetzungen des 18. Jahrhunderts gelten muß.[7] Noch zweimal gelingt es ihm, an der Zensur vorbei eine Schrift gegen Goeze zu veröffentlichen[8] – dann muß er endgültig verstummen. Was Lessing nun noch gegen »Goeze und Compagnie«[9] schreibt, bleibt unveröffentlicht und meist auch unvollendet. Diese Situation aber ist gänzlich unbefriedigend für jemanden, der seinem Gegner gegenüber nachdrücklich behauptet hatte:

Ich will schlechterdings von Ihnen nicht als der Mann verschrien werden, der es mit der Lutherischen Kirche weniger gut meinet, als Sie. Denn ich bin mir bewußt, daß ich es weit besser mit ihr meine, als der, welcher uns jede zärtliche Empfindung für sein einträgliches Pastorat, oder dergleichen, lieber für heiligen Eifer um die Sache Gottes einschwatzen möchte.[10]

[…] Ich habe […] nie das geringste geschrieben, oder öffentlich behauptet, was mich dem Verdachte aussetzen könnte, ein heimlicher Feind der christlichen Religion zu sein. Wohl aber habe ich mehr als eine Kleinigkeit geschrieben, in welchen ich nicht allein die Christliche Religion überhaupt nach ihren Lehren und Lehrern in dem besten Lichte gezeigt, sondern auch die Christlichlutherische orthodoxe Religion insbesondere gegen Katholiken, Socinianer und Neulinge verteidiget habe.[11]

Um die Sache also, genauer: um die Sache der christlichen Religion und ihre Wahrheit ist es Lessing zu tun. Genau dies läßt ihn nicht ruhen, auch und erst recht nicht, nachdem ihm die Feder gewaltsam aus der Hand genommen und ihm in allen Angelegenheiten der Religion der Mund verboten wird.

Endgültig mundtot will sich Lessing jedenfalls nicht machen lassen. Mitten in dieser verzweifelten Situation reift in ihm ein Plan, den er in den nächsten Monaten zielstrebig verfolgt. Das Ergebnis seiner Arbeit legt er Ende April 1779 zur Ostermesse vor. Auf den 8. August 1778, genau einen Monat, nachdem er den Entzug der Zensurfreiheit und das Publikationsverbot für theologische Schriften erhalten hat, datiert Lessing seine *Ankündigung des Nathan,* die er mit den programmatischen Worten einleitet:

Da man durchaus will, daß ich auf einmal von einer Arbeit feiern soll, die ich mit derjenigen frommen Verschlagenheit ohne Zweifel nicht betrieben habe, mit der sie allein glücklich zu betreiben ist: so führt mir mehr Zufall als Wahl einen meiner alten theatralischen Versuche in die Hände, von dem ich sehe, daß er schon längst die letzte Feile verdient hätte. Nun wird man glauben, daß ihm diese zu geben, ich wohl keine unschicklichere Augenblicke hätte abwarten können, als Augenblicke des Verdrusses, in welchen man immer gern vergessen möchte, wie die Welt wirklich ist. Aber mit nichten: die Welt, wie ich mir sie denke, ist eine eben so natürliche Welt, und es mag an der Vorsehung wohl nicht allein liegen, daß sie nicht eben so wirklich ist.[12]

Über diesen »närrischen Einfall«[13] berichtet er nicht nur seinem Bruder, sondern auch seiner engsten Vertrauten, Elise Reimarus. Ihr teilt er, verschlüsselt und doch sprechend genug, mit, welche Absicht er mit dieser Dichtung verfolgt:

Ich muß versuchen, ob man mich auf meiner alten Kanzel, auf dem Theater wenigstens, noch ungestört will predigen lassen.[14]

Die Bühne als Kanzel, das Dichterwort als Predigt, das Theater als Ort der Verkündigung – ein solch hoher Anspruch überrascht. Am tiefen Ernst und an der enormen Tragweite dieser Aussage läßt sich jedoch kaum zweifeln. Immerhin gebraucht Lessing diese Wendung gegenüber einer Frau, mit der ihn nach dem plötzlichen Tod seiner Ehefrau im Januar 1778 eine einzigartige Freundschaft verbindet, die von großer Offenheit und uneingeschränktem Vertrauen geprägt ist. Lessings letztes Wort im Streit mit Goeze, dem lutherischen Hauptpastor und mehr als nur stadtbekannten Prediger, soll demnach ein Kanzelwort sein, verlegt auf das Theater, weil ihm nur dort die Freiheit der öffentlichen theologischen Meinungsäußerung geblieben ist.

»Theaterlogik« hatte der Hauptpastor dem Dichter in seinen Streitschriften mehrfach vorgeworfen.[15] Empörend fand er, daß Lessing »schlechterdings bloß durch Witz, durch Parabeln, Bilderchen und Gleichnisse den Sieg behaupten«[16] wollte. Indirekt und ironisch hat Lessing diesen Vorwurf aufgegriffen und ihn umgemünzt: Nur in der Logik des Theaters, nur in dichterisch-dramatischer Gestaltung läßt sich nun noch aussprechen und darstellen, was er zur Wahrheit der christlichen Religion, zu ihrer Begründung und Verteidigung, zu ihrem Wesenskern und zu ihrer bleibenden geschichtlichen Bedeutung zu sagen hat. Ein zweiter Klopstock ist Lessing damit zwar keineswegs geworden. Sein *Nathan* ist kein *Messias* und sollte nie ein solcher werden. Doch was der scharfsinnige Kritiker 1751 über den Dichter sagte, verdient hier zumindest Erwähnung und wohl auch Beachtung:

Wann der Verfasser des Meßias kein Dichter ist, so ist er doch ein Vertheidiger unserer Religion. Und dieses ist er, mehr als alle Schriftsteller sogenannter *geretteter Offenbarungen* oder *untrüglicher Beweise*. Oft beweisen diese Herren durch ihre Beweise nichts, als daß sie das Beweisen hätten sollen bleiben lassen. [...] Man setze Witz dem Witze, Scharfsinnigkeit der Scharfsinnigkeit entgegen. Sucht man die Religion verächtlich zu machen, so suche man auf der andern Seite, sie in alle dem Glanze vorzustellen, wo sie unsre Ehrfurcht verdienet.[17]

Die Hinweise auf die versteckte (wenn nicht sogar offenkundige) theologische Qualität des *Nathan* sind keineswegs selten. Sie lassen sich in reicher Zahl finden, noch ehe der Blick sich auf den eigentlichen Gehalt dieser Dichtung richtet.

Die Spur, die dabei zu verfolgen ist, hat paradoxerweise Goeze selbst gelegt. Höhnisch und vorwurfsvoll unterstellt er im 1. Stück von *Leßings Schwächen*, Lessing sei »gar nicht im Stande [...], eine Sache mit eigentlichen Worten vorzutragen«.[18] Ähnlich heißt es im folgenden Stück, Lessing habe »seine Erklärung in Gleichnisse und Bilder, welche mehr als eine Seite haben, verhüllet«.[19] Gegen diesen Vorwurf wehrt sich Lessing keineswegs, sondern bestätigt ihn sogar, freilich aus einer völlig veränderten Perspektive und mit einem ganz anderen Akzent. Bereits im *2. Anti-Goeze* hat er die einschlägigen Invektiven des Hauptpastors und seinen Vorwurf aufgegriffen, seine Bemühungen gingen »nicht dahin, den Verstand seiner Leser durch Gründe zu überzeugen, sondern sich ihrer Phantasie durch allerhand unerwartete Bilder und Anspielungen zu bemächtigen«.[20] Freimütig gesteht Lessing ein:

> Was kann ich dafür, daß ich nun einmal keinen andern Stil habe? Daß ich ihn nicht erkünstle, bin ich mir bewußt. Auch bin ich mir bewußt, daß er gerade dann die ungewöhnlichsten Cascaden zu machen geneigt ist, wenn ich der Sache am reifsten nachgedacht habe. Er spielt mit der Materie oft um so mutwilliger, je mehr ich erst durch kaltes Nachdenken derselben mächtig zu werden gesucht habe.[21]

Noch deutlicher äußert er sich im *8. Anti-Goeze:*

> Was meine Art zu streiten anbelangt, nach welcher ich nicht sowohl den Verstand meiner Leser durch Gründe zu überzeugen, sondern mich ihrer Phantasie durch allerhand unerwartete Bilder und Anspielungen zu bemächtigen suchen soll: so habe ich mich schon zur Hälfte darüber erklärt. Ich suche allerdings, durch die Phantasie mit, auf den Verstand meiner Leser zu wirken. Ich halte es nicht allein für nützlich, sondern auch für notwendig, Gründe in Bilder zu kleiden; und alle die Nebenbegriffe, welche die einen oder die andern erwecken, durch Anspielungen zu bezeichnen. Wer hiervon nichts weiß und verstehet, müßte schlechterdings kein Schriftsteller werden wollen; denn alle gute Schriftsteller sind es nur auf diesem Wege geworden.[22]

Das alles gilt freilich weitgehend und vorrangig für jenen poetischen Stil, der für Lessings Streitschriften prägend bleibt.

Allerdings deutet sich schon hier das Unvermögen des rein logisch-argumentativen Verfahrens und der begrifflich ausgerichteten Sprache an, worauf hinzuweisen Lessing nicht müde wird. Dabei fällt bereits auf, daß er sich überall dort, wo er Letztes und über den Augenblick hinaus Gültiges zu sagen bemüht ist, genau jener sprachlichen Möglichkeiten bedient, die Goeze ihm zum Vorwurf macht – nämlich der »Parabeln, Bilderchen und Gleichnisse«.[23] »Gerade wenn sich Lessing den Gebieten der Philosophie, der Theologie und der Geschichte zu nähern scheint, stellt sich heraus, daß er eher ein Erzähler, eher ein literarischer Schriftsteller als Philosoph, Theologe oder Historiker ist.«[24]

Folgt man diesen Hinweisen und Spuren, dann erscheint auch und gerade der *Nathan* in einem neuen, anderen Licht. So sehr er sich dem Kontext des Fragmentenstreits einfügt und in engster Beziehung zu den Aussagen und Andeutungen von Lessings philosophischen und theologischen Schriften aus dieser Zeit steht, so treffend deshalb Friedrich Schlegels knappe Bezeichnung dieses Dramas als »die Fortsetzung vom Anti-Götze, Numero Zwölf«[25] auch bleiben mag, so wenig darf man »die konstitutive Differenz zwischen diesen Schriften und dem *Nathan* außer Acht«[26] lassen. Seinem Thema, dem Streit um die Wahrheit und damit zugleich auch, wenn nicht zuvörderst, um die Legitimität und Wahrheit der (christlichen wie der Offenbarungs-) Religion, bleibt Lessing also treu, obwohl er es, wie später noch genauer zu zeigen ist, in einer durchaus originären und originellen Weise wendet und behandelt. Doch um der von ihm verhandelten Sache willen verändert er die Form – von äußeren Zwängen, nämlich dem über ihn verhängten Publikationsverbot, ebenso bestimmt wie vom inneren Zwang der Sache – und wechselt »von der Kanzel zur Bühne«,[27] die dadurch selbst zur Kanzel wird und damit theologisches Gewicht erhält. Dabei setzt er auf »die Leistung der poetischen Form, die gegenüber der diskursiven Darlegung ganz neuartige Möglichkeiten der Erkenntnis und der Wirkung freisetzt«.[28]

Ein erster Hinweis auf diesen gänzlich anderen Charakter, dafür aber keineswegs geringeren, sondern eher noch gesteigerten Anspruch des *Nathan* liegt in dessen bereits zitierter *Ankündigung*. Sie enthält eine Botschaft, die sorgfältig zu entschlüsseln ist. In kaum verhüllter Weise wird diesem Theaterstück darin nämlich eine Art ›Verkündigungsfunktion‹ zugesprochen. Von der »natürlichen Welt« ist hier die Rede. Gemeint ist damit ein Gang der Ereignisse und ein Handeln des Menschen, die sich gleichsam von selbst, ganz natürlich, ergeben, wo eins in das andere greift und alles sich letztlich harmonisch zusammenfügt. Genau diese »*natürliche* Welt«, die keiner außerordentlichen Wunder bedarf und doch wunderbar anmutet, will Lessing auf der Bühne darstellen und sie als wahre Alternative zur scheinbar allmächtigen und alleingültigen »*wirklichen* Welt« vor Augen führen. Wer die Diskrepanz dieser beiden Welt-Anschauungen, die »Kluft zwischen ›natürlicher‹ und ›wirklicher‹ Welt‹«[29] kritisch vermerkt und die im Theater vorgestellte Sicht der Welt als Traumbild und Illusion, als bare Utopie empfindet, den verweist Lessing – hier durchaus dem Predigt-Gestus entsprechend – auf die Verantwortung des Menschen. Dieser soll das Gesicht der Welt denkend und handelnd zum Guten verändern – denn »es mag an der Vorsehung wohl nicht allein liegen, daß sie [diese natürliche Welt] nicht eben so wirklich ist«.[30] Lessings *Nathan* soll demnach »die Erfahrung einer sinnvoll geordneten Wirklichkeit [ermöglichen], die aber eben allein in der Kunst prospektiv zu realisieren und dort allein *mittelbar* der anschaulichen Erfahrung zugänglich zu machen ist. [...] Die ästhetische Erfahrung kann [daher] keine theoretische Gewißheit vermitteln, [... denn:] Ihre Wirkung ist weniger erkenntnistheoretischer als erkenntnispraktischer oder – recht verstanden – pragmatischer Art«.[31] Um den Kontrast einer Welt, wie sie aus der Perspektive der göttlichen Vorsehung und nicht der menschlichen Unvollkommenheit erscheint, geht es Lessing also. Dies ist sein Kanzelwort, das er auf dem Theater zur Geltung und auch zur Wirkung bringen will. »Der Mensch als Träger der Geschichte kann sich sinn-konform, das ist: ›natürlich‹, verhalten, er kann sich aber auch gegen den Sinn von Geschichte stellen: diese Erfahrung macht der Zuschauer in der Wirklichkeit [...]. [Doch:] Der Zuschauer kann sich mit der Bühnenwirklichkeit identifizieren, weil sie nichts enthält, was nicht – der Natur des Menschen zufolge – so sein *könnte.*«[32] Aufklärend und geradezu offenbarend soll diese Predigt auf Lessings alter Kanzel, dem Theater, wirken, indem sie gewissermaßen Gottes alternative Weltsicht vor Augen stellt.

Die Form, in der dies geschieht, ist, wie schon angedeutet, mehr als bezeichnend und verdient besondere Beachtung. Nicht in philosophischer Argumentation oder in strikt theologischem Beweisgang, nicht in dogmatischer Wahrheitsbehauptung und aus der Gewißheit eines unverbrüchlichen Glaubens heraus formuliert Lessing seine Botschaft. Verschlüsselt und andeutend, tastend und suchend präsentiert sich seine Predigt auf dem Theater. Die poetische Form verzichtet bewußt auf »eine distanzlose Absolutsetzung des Dargestellten«.[33] »Nur in der Kunstform der poetisch-theatralischen Darstellung, nur ›in der dramatischen Form‹ [... kann] anschaulich gegeben sein«,[34] was als komplexes Ganzes, als umfassende Weltsicht vorgestellt wird. Lessing glaubt sich keineswegs im Besitz der Wahrheit, die man niemals als ›bare Münze‹ behandeln darf, sondern auf der Suche danach.[35] Dabei kann der Dichter das mitteilen, was er mehr ahnt als sieht, was er eher glaubt als weiß. »In dem Maße, in dem man den *Nathan* als Dichtung liest, wird er zugleich zu einer genuin theoretischen Äußerung seines Autors.«[36] Um ein letztlich unsagbares »Geheimnis«[37] geht es, um einen »Fingerzeig [...] in unermeßliche Ferne, die ein sanftes Abendrot dem Blicke weder ganz verhüllt noch ganz entdeckt«.[38] Eine »poetische Wahrheit«, dargeboten in parabolischen Bildworten und Zeichen, eine »parabolische Ästhetizität«[39] also ist es, der Lessing in seinem dramatischen Gedicht *Nathan der Weise* Ausdruck verleiht. Nur so kann er sein »Wähnen über Gott«[40] und Religion adäquat artikulieren. Hier hat Lessing »Teil an jener Gedankenbewegung im letzten Jahrhundert-Drittel, die an die Stelle der religiösmetaphysischen Dogmatiken die Poesie setzt; diese ist die neue ›Weltanschauung‹, genauer: das Medium der Reflexion, in der nach dem Zerfall der alten Gehäuse Wahrheit zur *Geltung gebracht* wird.«[41] Diese Eigenart seiner Predigt bleibt zu beachten, damit nicht vorschnell ins platte Wort und in den entleerten Begriff gebracht wird, was in der poetisch-parabolischen Gestalt entschieden offener und zugleich zupackender geboten wird.

Auf diese eigenartige Struktur des *Nathan* weist nicht zuletzt die Spezifikation *Ein dramatisches Gedicht* ausdrücklich hin.[42] Die üblichen Gattungsgrenzen sind damit aufgehoben: Dieses Drama läßt sich ebensowenig der Tragödie wie der Komödie zuordnen. Über diese dichterische Freiheit hat sich Lessing im 48. Stück seiner *Hamburgischen Dramaturgie* geäußert, in dem er über die »Vermischung der Gattungen« sagt:

> In den Lehrbüchern sondre man sie [die Gattungen] so genau von einander ab, als möglich: aber wenn ein Genie, höherer Absichten wegen, mehrere derselben in einem und eben dem selben Werke zusammenfließen läßt, so vergesse man das Lehrbuch, und untersuche bloß, ob es diese höhere Absichten erreicht hat.[43]

Damit ist mehr als eine Spur zum Verständnis dieser Kennzeichnung gelegt: »Es könnte also sein, daß Lessing im Falle des *Nathan* ›höherer Absichten wegen‹ sich berechtigt sah, die Gattungsgrenzen zu transzendieren. Aus den zahlreichen Dokumenten zur Wirkungsgeschichte des *Nathan* ist [jedenfalls] ersichtlich, daß seine Interpreten eifrig über diese ›höheren Absichten‹ spekuliert haben [...]«.[44]

Dabei stellt die Bezeichnung »dramatisches Gedicht« keineswegs, nicht einmal bei Lessing, ein absolutes Novum dar, wie oft fälschlich behauptet wird. Auch an anderer Stelle kennt und verwendet Lessing diese Bezeichnung zur Charakterisierung einer besonderen Gestalt von Dichtung, die weder Tragödie noch Komödie, aber sehr wohl »Dichtung« genannt zu werden verdient – nichts anderes nämlich signalisiert der Begriff »Gedicht«.[45] Der Ausdruck »dramatisches Gedicht« ist »als *allgemeine* Bezeichnung für ein Werk der dramatischen Literatur nicht ungewöhnlich«.[46] Zwar läßt er sich nur bedingt mit dem Hinweis auf Voltaire und dessen Drama *Les Guébres, ou la tolèrance* (1769) erklären, weil hier erst im Vorwort bzw. im beigefügten *Discours,* nicht aber im gattungsspezifischen Untertitel der Begriff »dramatisches Gedicht« auftaucht.[47] Unübersehbar bleibt jedoch die Anlehnung an Diderots Überwindung der Gattungsgrenzen,[48] die Lessing bereits seinem kritischen Urteil über Christian Felix Weißes Tragödie *Richard der Dritte* im 79. Stück der *Hamburgischen Dramaturgie* zugrundelegt:

> Wenn Richard schon keine Tragödie wäre, so bleibt er doch ein dramatisches Gedicht; wenn ihm schon die Schönheiten der Tragödie man-

Nathan der Weise.

Ein

Dramatisches Gedicht,

in fünf Aufzügen.

Introite, nam et heic Dii sunt!

APVD GELLIVM.

Von

Gotthold Ephraim Lessing.

1779.

gelten, so könnte er doch sonst Schönheiten haben. Poesie des Aus-
drucks; Bilder; Tiraden; kühne Gesinnungen; einen feurigen hinrei-
ßenden Dialog; glückliche Veranlassungen für den Akteur, den ganzen
Umfang seiner Stimme mit den mannichfaltigsten Abwechselungen zu
durchlaufen, seine ganze Stärke in der Pantomime zu zeigen u.s.w.[49]

Spätestens hier zeigt sich, daß die Bezeichnung »dramatisches Gedicht«
für den *Nathan* nicht eingrenzend und einordnend gemeint ist, denn
»das ›dramatische Gedicht‹ ist ein ›Geschlecht‹ [also ein nicht poeto-
logisch fixierender Überbegriff], keine Gattung. Die Gattung erfordert
eine spezifische Rollenlage, die sich an ständischen Unterteilungen
orientiert [...]. Der ›Mensch‹ sprengt die Gesetze der Gattung. Er ent-
zieht sich der Einordnung in Rollen. Das ›dramatische Gedicht‹ als *Geschlecht,* nicht als Gattung, ist somit der gegebene Rahmen für ein Drama wie *Nathan.*«[50]

Ehe die hier angedeuteten, von der Form des *Nathan* auf seinen Gehalt
verweisenden Momente noch genauer bedacht werden, lohnt sich ein
nochmaliger vergewissernder Blick auf die hier vorgenommene Charakterisierung dieses Schauspiels. Immerhin gibt es im unmittelbaren Vor-
und Umfeld des *Nathan* die gleichlautende Benennung eines anderen
Stücks. Johann Joachim Eschenburg, der Lessing in enger Freundschaft
verbunden war, hatte 1776 ein Schauspiel vorgestellt, das den Titel trug
Scipio. Ein dramatisches Gedicht.[51] Mit diesem ›Dramentyp‹, also auch
mit den darin vermittelten Gehalten und verhandelten Themen, mußte
aus wirkungsgeschichtlicher Perspektive der Leser oder Zuschauer Lessings *Nathan* aufgrund der hier ebenfalls programmatisch vorangestell-
ten Bezeichnung verbinden. Dieser Zusammenhang scheint keineswegs
belanglos, denn »Eschenburgs *Scipio* ist eine Affirmation der bürger-
lichen Tugendlehre und ihres politischen Anspruchs, d. h. die Idee der
Fürstenerziehung«.[52] Damit ist, weit über die Diskussion um die gat-
tungsspezifische Bezeichnung des *Nathan* hinaus, ein Fingerzeig auf die
umfassende öffentliche Geltung und die weitreichende Wirkung dieses
Schauspiels gegeben.

Tatsächlich darf man die Kennzeichnung als »Gedicht« nicht aus heutiger Sicht verstehen, »wo ›Lyrik‹ immer schon mit dem Ausdruck reiner
Subjektivität gleichgesetzt wird. Für Lessing und seine Zeit hat das Gedicht noch immer eine vorwiegend gesellschaftliche Funktion [...]«.[53]
Existenzverändernd und gesellschaftskritisch zugleich will Lessings *Nathan* demnach wirken. Das kommt den späteren Dramen Brechts erstaunlich nahe, die ganz ausdrücklich die Bühne als Kanzel nutzen. Doch wo
es Brecht »um eine Glaubens-Schule [geht], um das Hervorbringen der
Entscheidung, der verkündeten Botschaft und der empfohlenen Autorität
Gefolgschaft zu leisten«,[54] bleibt Lessing zurückhaltend. Seine »Aufklä-

14

rung auf dem Theater«[55] will nicht bevormundend auf den Zuschauer einwirken. Sie zielt darauf, dessen »denkende Aktivität freizusetzen« und dient damit »der Vermittlung sokratischer Erkenntnis«.[56] Lessings Dichtung und erst recht sein *Nathan* wollen nicht den Rückzug in eine private Innerlichkeit bewirken, sondern Denkanstöße geben, Vergessenes ins Licht heben, Möglichkeiten durchspielen, das »Gegenbild einer Gesellschaft«[57] und ähnliche Modelle anbieten, die als Fingerzeige auf eine andere Welt und Gesellschaft zu begreifen sind. Erhellend und aufklärend soll dieses Theaterstück wirken, darin der Absicht und der Struktur einer Predigt durchaus vergleichbar.

Wie frei und zugleich gebunden diese Wegweisung des *Nathan* bleibt, macht ein Blick auf das Motto deutlich, welches Lessing dem Stück vorangestellt hat. Immerhin gehört die Verwendung verschiedenster und äußerst treffender Motti zu den charakteristischen Besonderheiten von Lessings Streitschriften und zahlreichen Werken seiner späten Jahre.[58] Dem *Nathan* hat der Dichter ein Wort vorangestellt, das »eine Differenzqualität des Stücks von der Tagespolemik und von den in diesen Jahren für Lessing existenten direkten Theologen-Streitigkeiten anzuzeigen [vermag und] als ein Verweisungszeichen gelten [kann], das jedem Leser – oder jedem zu welcher Zeit auch immer verstehensbereiten Theaterpublikum – zugesprochen erscheint«.[59]

Bereits am 20. Oktober 1778 hatte Lessing seinen Bruder Karl vor einem naheliegenden Mißverständnis dieses Dramas gewarnt – so, als sei dieses nur die Fortsetzung des erzwungenermaßen abgebrochenen theologischen Streites mit anderen Mitteln:

> Es wird nichts weniger, als ein satirisches Stück, um den Kampfplatz mit Hohngelächter zu verlassen. Es wird ein so rührendes Stück, als ich nur immer gemacht habe […].[60]

Seinem großen Zeitgenossen Johann Gottfried Herder gegenüber äußert sich Lessing wenig später, das Motto aufdeckend, so:

> Ich will hoffen, daß Sie weder den Prophet Nathan, noch eine Satyre auf Goezen erwarten. Es ist ein Nathan, der beim Boccaz (*Giornata 1. Novella 3.*) Melchisedek heißt, und dem ich diesen Namen nur immer hätte lassen können, da er doch wohl wie Melchisedek, ohne Spur vor sich und nach sich, wieder aus der Welt gehen wird. Introite, et hic Dii sunt! kann ich indes sicher meinen Lesern zurufen, die dieser Fingerzeig noch unmutiger machen wollte.[61]

»Introite, nam et heic Dii sunt!«; das heißt übersetzt und ein wenig paraphrasiert: »Tretet ein, denn auch hier (in diesem Stück und auf dieser Bühne) sind die Götter (zu finden)«. Erst bei genauerer Betrachtung erschließt sich die Vielschichtigkeit und Tiefgründigkeit auch und gerade dieses Mottos, das wichtige Hinweise für das Verständnis des *Nathan* gibt, nicht zuletzt in Hinblick auf die Parallele zwischen Theater und Kanzel. Es formuliert auf vielsagende Weise »ein zentrales theologie-kritisches Motiv des späten Lessing«[62] und bekräftigt damit erneut den differenzierten Zusammenhang dieses dramatischen Gedichts mit dem Goeze-Streit. Allem voran verdient – über die keineswegs einfache oder auch eindeutige Verortung und Herkunftsgeschichte hinaus – die profilierte Verwendung dieses »bei Gellius« verorteten Mottos Beachtung.[63] Das auf den griechischen Philosophen Heraklit zurückgehende Wort steht in einem mehr als sprechenden Kontext. Die hier einschlägige antike Anekdote berichtet folgendes: »Man erzählt, daß Herakleitos zu Fremden, die ihn besuchen wollten und stutzten, wie sie ihn sich gerade am Herde wärmen sahen, gesagt habe, sie sollten nur ruhig hereinkommen, denn auch hier wohnten Götter.«[64]

Gegenwart und Walten des Göttlichen wird diesem ursprünglichen Bedeutungszusammenhang nach also nicht für einen ausgegrenzten Ort oder Bereich des Sakralen behauptet, sondern mit großem Nachdruck für den Bereich des Profanen, für den häuslichen Privatraum, für das Alltägliche. Diese positive Aussageintention spitzt Lessing noch weiter zu und verbindet sie integral mit dem folgenden Schauspiel. Auch dafür, also auf dem Theater und in der Dichtung, wird eine Gegenwart des Göttlichen beansprucht. Nicht nur in der Bibel, nicht nur im Raum der Kirche, nicht nur in der Verkündigung und Auslegung des Gotteswortes, aber auch nicht nur in der Profanität des alltäglichen Lebens schlechthin – worauf das Heraklit-Wort abzielt – ist demnach das Göttliche anzutreffen und tut sich kund. Gleiches gilt auch, wenn nicht: vor allem, für das Werk des Dichters.

Nicht wenige Interpreten deuten dieses Motto extensiv und sehen die dem Wortlaut nach eher bescheidene Behauptung göttlicher Gegenwart *auch* in der Dichtung als bare Ironie Lessings. Demnach »geht es um den Primat des Dichtertums im Endreich des Geistes. Nicht auch hier, sondern *nur* hier, wird Gott im Geist und in der Wahrheit gedient [...]«.[65] Doch Lessing ist beim Wort zu nehmen. Seinem *Nathan*-Motto eignet eine vorsichtige Zurückhaltung, eine »konziliante Tendenz«,[66] die sich im Einladungsgestus kaum verkennen läßt, die aber zugleich ein hohes Selbstbewußtsein, um nicht zu sagen ein religiöses Sendungsbewußtsein verrät. Vornehm und doch unverkennbar verweist Lessing hier »auf die grundsätzliche Leistungsmöglichkeit des Dramas, der Poesie. Das Theater ist nicht nur ein Raum, in dem wie andernorts eine Kanzel aufgestellt werden kann, sondern auch eine Kirche, in der das Göttliche inmitten der Gemeinde anwesend ist. Hier wird nicht nur über Gott gesprochen, sondern dieser selbst wird sichtbar durch die artistisch beschwörende Darstellungskraft des Dramatikers.«[67]

16

Diese ebenso eindrucksvolle wie nachdrückliche Proklamation des Theaters als wahrer Kanzel, wahrscheinlich sogar der Anspruch einer Überbietung der Predigt durch die Bühne kraft der hier wahrhaft vermittelten Gegenwart des Göttlichen, spiegelt sich in einer hierzu komplementären Selbsteinschätzung Lessings aus derselben Zeit wider. Im Nachgang zum Goeze-Streit finden sich Fragmente einer Erwiderung an den Göttinger Kirchenhistoriker Christian Wilhelm Franz Walch, darunter ein Bruchstück mit dem provokanten Titel *Bibliolatrie*.[68] Auch diesem ist ein Motto vorangestellt, das Lessing im Text nochmals aufgreift und mit einer bildhaften Beschreibung seines eigenen Tuns als Dichter und Theologiekritiker verbindet. Aus der Tragödie *Ion* des griechischen Dichters Euripides zitiert Lessing in griechischer Sprache die (geringfügig abgewandelten, will sagen: christlich umgedeuteten) Zeilen: »Edel ist der Dienst, den ich vor deinem Haus, o Christus, verrichte, um den Sitz deiner Weissagung zu ehren.«[69] Darauf bezieht er sich im folgenden Text und erläutert seine eigene Bemühung so: »Auch ich halte es für keine unrühmlich Arbeit, vor dem Sitze göttlicher Eingebung wenigstens die Schwelle desselben zu fegen.«[70] Die Bildparallele zum *Nathan*-Motto ist unübersehbar, zumal beide Motti einen Ort oder Raum des Göttlichen meinen »freilich mit durchaus entgegengesetzter Blickrichtung: im einen Fall von den Stufen eines Tempels zu dessen namentlich angesprochenem Gott, im anderen nach draußen zu den zum Eintreten Aufgeforderten, wobei diese wie auch der Raum und seine Götter völlig unbestimmt bleiben«.[71] Es erscheint keineswegs zu gewagt, die in beiden programmatisch gemeinten, die Bedeutung des eigenen Tuns wie der damit zusammenhängenden und daraus sich herleitenden Texte erläuternden Motti als Hinweise auf die besondere religiöse Qualität des Theaters, genauer: des dramatischen Gedichts *Nathan der Weise* zu verstehen. Den gesamten Bereich des theologischen Streits und sein eigenes Engagement als Theologiekritiker siedelt Lessing gleichsam im äußeren Bereich des Heiligtums an. So sehr es auch hier um die eine Sache, um die letzte Wahrheit gehen mag, so wenig kommt diese selbst in den Blick oder wird unmittelbare Gegenwart. Den Eintritt in den göttlichen Bereich, die wahre Einsicht in das Göttliche, die »Schau der Gestalt« vermag nur der Dichter, nicht aber der Theologe auf die ihm eigene Weise zu vermitteln.

Aus diesem Vergleich und dem darin sich enthüllenden Unterschied läßt sich noch besser verstehen, warum Lessing das Theater als veritable Kanzel (und mehr!) verstehen konnte und sich mit seiner Hinwendung zur Bühne von der gegenüber Goeze zu verteidigenden oder auch zu behauptenden Sache keineswegs abgewendet hat, sondern sich ihr mit ganzer Kraft und auf eine ihm allein kongenial erscheinende Weise zu widmen gedachte. Die »innere Wahrheit« der (christlichen) Religion, auf die Lessing im Fragmentenstreit oftmals, allerdings vergeblich, hingewiesen hat,[72] leuchtet keineswegs im Vorhof des Heiligtums auf, sondern dort, wo der »Sitz göttlicher Eingebungen« betreten wird. Dieser mag – wie Lessing in einem anderen Bild, dem des Palastes, beschreibt – »von außen ein wenig unverständlich [scheinen]; von innen [jedoch ist er] überall Licht und Zusammenhang«. Hier, im inneren Selbst, kann man das »Licht von oben« empfangen und »jeden Augenblick erfahren, daß die gütigste Weisheit den ganzen Pallast erfüllet«.[73] Daß dieses Gebäude niemals ein Lehr-Gebäude sein kann und darf, daß dieses Gehäuse des wahrhaft Göttlichen, der letzten Wahrheit und Weisheit, dem Schauspielhaus ähnlicher scheint und sich durchaus angemessen in das Gewand eines dramatischen Gedichts kleiden kann, daß das Theater gegenüber der Kirche einen eigenen Rang nicht nur verteidigen, sondern in Überbietung die größere Nähe zum Göttlichen, dessen dichte (weil: dichterische) Gegenwart behaupten darf und muß, bleibt der zweite wichtige Fingerzeig des *Nathan*-Mottos.

Doch selbst damit ist die Sinn-Fülle und der Bedeutungsreichtum dieses Mottos noch nicht erschöpft. Ein dritter Anlauf aus nochmals anderer Perspektive vermag erneut einsichtig zu machen, warum Lessing das Theater als Kanzel, als Ort einer Predigt bezeichnen konnte, die Wahrheit erschließt und damit zugleich Welt und Existenz verändert. Die prägnante Knappheit des einladend-werbenden »Introite« für Lessings dramatisches Kanzelwort wird kontrastiert durch ein ebenso programmatisches Bibelwort. Dieses verweist zwar auf ganz andere Zusammenhänge, doch wird man eine frappierende Analogie kaum leugnen können. Ingrid Strohschneider-Kohrs hat darauf, vor allem aber auf die zeitgenössische Präsenz und Aktualität dieser Entsprechung, sehr feinsinnig aufmerksam gemacht: »Es scheint, als sei dies ›Introite‹ durch eine gewisse Nähe oder Verwandtschaft in der Aufforderungsgebärde imstande, die Erinnerung an einen ebenfalls in bildlicher Sprache überlieferten Einladungsgestus wachzurufen und die Frage nach der Vergleichbarkeit der beiden Sprachgesten oder -intentionen aufkommen zu lassen. Das Nathan-Motto legt nahe, an jenes *biblische Einladungswort* zu denken, das einem der Gleichnisse aus dem 14. Kapitel des Lukas entnommen ist; an das Wort aus dem Vers 23, das aus dem ausführlichen Gleichnis-Text herausgelöst in Luthers Übersetzung lautet: ›nötige sie her ein zu kommen‹; jenes Wort, das seine besondere Bekanntheit wohl in seiner lateinischen Version ›compelle eos intrare‹ gewonnen hat.«[74] Freilich gewinnt hier dieses Schriftwort eine drastische Färbung als Legitimation eines fanatischen Missionseifers und als Formel für Zwangsbekehrungen eine Deutung, die Pierre Bayle und Voltaire aufs schärfste kritisiert haben.[75] Wer beide Wendungen nebeneinanderhält, »compelle eos intrare« und »Introite«, bemerkt die Unterschiede. Offen und freundlich ergeht Lessings Aufforderung direkt an die Eingeladenen, versöhnlich und werbend. Kein

Zwang zur Wahrheit wird hier ausgeübt; hier gibt es kein Glaubensdiktat und keinen Meinungsterror, wie Lessing ihn bei Goeze zu bemerken meinte. Es geht allein um einen Fingerzeig dahin, daß die Wahrheit, auch die religiöse Wahrheit, viele Gestalten kennt, daß die Begegnung mit dem Göttlichen und die Vermittlung spezifisch göttlicher Wahrheit auch (und nicht zuletzt!) auf dem Theater als veritabler Kanzel geschehen kann.

Noch ein allerletzter Hinweis auf die besondere Qualität des *Nathan* erscheint angebracht. Dramentitel und Motto sind einander nämlich deutlicher zugeordnet, als sich auf den ersten Blick erkennen läßt. Der Name des Titelhelden verweist auf biblische Tradition und aktualisiert mit der Erinnerung an den Propheten und Weisen Nathan im 2. Buch Samuel, Kap. 7 und 12 eine alttestamentlich-jüdische Überlieferung. Doch der Beiname »der Weise« wird »durch die verdeckte Bezugnahme des Mottos auf einen der berühmtesten Weisen der Klassischen Antike jenes exklusiv jüdischen Charakters entkleidet«.[76] Damit werden die Dimensionen dieser Dichtung universaler, ihr Geltungsanspruch umfassender und gewichtiger. Weit über den aktuellen Anlaß des theologischen Streites hinaus stehen nun grundlegende Aspekte einer alle Grenzen überschreitenden Weisheit, aber auch überkommener Gottesvorstellungen der Religionen zur Debatte. Die tendenziell pantheistische, jeder ausgrenzenden Lokalisierung des Göttlichen widersprechende »Apologie des unscheinbar Profanen aus dem Munde eines der berühmtesten antiken Weisen«,[77] gibt dem Streit um die Wahrheit einen geradezu unendlich offenen Raum. Diese Wendung des Gedankens erlaubt es, Kanzel und Bühne, Predigt und Dichtung, Kirche und Welt aus theologischer Perspektive zu austauschbaren Größen zu erklären, weil die Gegenwart des Göttlichen nicht exklusiv, sondern positiv oder sogar inklusiv zu denken ist.

Auf überraschende Weise führt so die »hochgradige Unbestimmtheit des *Nathan*-Mottos«[78] und die damit verbundene Bedeutungsvielfalt bereits mitten in die inhaltliche Aussage dieses dramatischen Gedichts. Ehe diese Linien weiter ausgezogen werden, ist allerdings noch ein weiterer, den Hintergrund des Themas ausleuchtender Überlegungsschritt einzuschalten.

Herkunft und Hintergrund von Lessings ›Kanzelwort‹

Nach so vielen Hinweisen aus dem Vor- und Umfeld von Lessings *Nathan*-Dichtung bleibt zu fragen, auf welche Traditionen sich das Bildwort oder der Vergleich zwischen Kanzel(-Predigt) und Theater stützen kann. Über das bislang Gesagte hinaus läßt sich hier erstaunlich wenig Einschlägiges oder Erhellendes einbringen.

Einen ersten, zunächst vielversprechend anmutenden Hinweis gibt eine Tradition, die vor allem die Barockzeit prägt. Kanzel und Theater liegen hier erstaunlich eng beieinander. Dabei mag man darauf hinweisen, daß die barocke Dichtung beinahe durchgängig die Welt als Theater vorstellt.[79] Mittels dieser Metapher wird hier die Antwort auf die Frage nach dem Sinn des Lebens formuliert. Dabei bringt die Schauspielmetapher sowohl Gott als auch den Menschen ins Spiel. Sie vereint Immanenz und Transzendenz und betont gleichermaßen anthropologische wie theologische Momente. »Gott kann Autor, Spielleiter und Zuschauer sein, und doch bleibt dem Menschen die Aufgabe gestellt, seine Rolle so gut und überzeugend als möglich zu spielen.«[80] Theologie und Theater, Religion und Schauspiel stehen hier keineswegs gegeneinander, sondern verbinden sich zu einem zwar vielschichtigen, aber dennoch homogenen Sinnganzen.

Das dürfte es leichter gemacht haben, nun auch die Kanzel selbst als Ort eines tiefgründigen (oder auch vordergründigen) Theaters zu verstehen. Tatsächlich gibt es im Barock den Weg »von der gespielten Predigt zum Predigt-Spiel, zum Theater auf der Kanzel«.[81] Dabei wird u. a. die Negativfolie des ›Welttheaters‹ als geistliche Ermahnung anschaulich vorgestellt, nämlich tatsächlich vorgespielt. Es gibt in keineswegs geringer Zahl »Predigten, die von vornherein als Drama gebaut und so, in Akte und Szenen unterteilt, auch zu halten sind«.[82] Die tiefere Absicht dabei ist, darin ganz der Tradition des Ignatius und des Jesuitentheaters entsprechend, alle Sinne, also nicht nur das Ohr, sondern auch das Auge, im Dienst der Glaubensverkündigung anzusprechen. In diesem Zusammenhang fällt tatsächlich bei dem Prämonstratenser Michael Stainmayr das Wort von der Kanzel als Theater. Er schreibt 1679: »[…] ich begehre allein auff dem Theatro diser gegenwärtigen Cantzel zu praesentiren und anzuzeigen, das alles, was in der Welt ist, oder seyn kan, nichts anders seye, als Modicum, das ist ein eytles Nichts, und will dise meine sittliche Comaediam in vier Scaenas außtheilen.«[83]

Dabei handelt es sich weder um etwas Ungewöhnliches noch um etwas Unziemliches. Dichtung und Predigt nähern sich vielmehr einander immer mehr an und werden dadurch geradezu austauschbare Größen, zumal sich beide, wenn auch auf verschiedene Weise, um eine angemessene Deutung und Sinnerschließung, um eine alle Sinne ansprechende Darstellung des großen Welttheaters bemühen. Wie das eine und durchgängige Thema der Dichtung die Erhellung des großen Weltsinnes bleibt, so dienen Kanzel und Predigt zur »Erleuchtung der Gläubigen«,[84] weil von hier das »Licht der Erleuchtung«[85] erstrahlt, damit es »das Dunkle verzehren [könne und] den Verstand *erleuchte*«[86] – ein Thema, das die Nähe der Kanzel zur Aufklärung offenbart und in Gestalt und Aufbau der Kanzel selbst oft zum Ausdruck kommt.[87] Erst später, sehr spät, nämlich

Weingarten / Württemberg
Basilika (1715-1724) Seitenschiff mit Kanzel

ın der zweiten Hälfte des 18. Jahrhunderts wird dieses Band zerrissen und die innere Nähe und Kongruenz von Dichtung und Predigt, von Theater und Kanzel endgültig aufgekündigt. Nun heißt es programmatisch: »Was die weltlichen Schriftsteller betrifft, so ist ihr Ansehen in einer Predigt von keinem Gewichte. Die Kanzel ist der eigenthümliche Ort des Evangeliums: die Welt macht daselbst eine schlechte Figur.«[88] Doch selbst in diesen Jahren noch künden die zahlreichen Barockkanzeln von der ursprünglichen Verwandtschaft und Austauschbarkeit von Predigt und Theater, von der »Bühne der Kanzel«.[89]

So stellt sich »manche (katholische) Barockkanzel nach Platz und Ausstattung ›theatralisch‹ exponiert«[90] dar. Es finden sich sogar – wenn auch nur wenige – Beispiele, in denen die Kanzel selbst als Bühne vorgestellt wird. Das gilt etwa für die wohl 1762 fertiggestellte Kanzel der zum Kloster Weingarten in Oberschwaben gehörenden Basilika: »Kanzelkorb und Schalldecke werden miteinander verbunden durch die Rückwand und den schwer und dick wirkenden Goldvorhang. Dieser läßt die ganze Kanzel als Theaterbühne erscheinen, denn Engel schlagen ihn zurück und nach oben, vielleicht Symbol für den Prediger, das Wort Gottes offenbar zu machen, den Schleier gleichsam von diesem wegzunehmen.«[91] Nicht einmal zwanzig Jahre vor Lessings ›Kanzelwort‹ auf dem Theater findet sich hier eine sprechende Zuordnung beider Größen, die offenbar mehr vom Zeitgeist widerspiegelt, als zunächst zu vermuten steht. Obwohl die Gestalt dieser Kanzel das Wort Lessings gleichsam umkehrt, indem sie die Kanzel zum Theater, und zwar zur Bühne Gottes und zum Ort der Darstellung des göttlichen Heilsdramas macht, bleibt die hier erkennbare tiefreichende Verbindung und Analogie zwischen diesen beiden nur scheinbar disparaten Größen beachtenswert. Mögen diese Zusammenhänge für Lessings Zuordnung von Theater und Predigt auch nur eine entferntere Rolle spielen, so bleiben sie doch ein wichtiger Hintergrund. Sie spiegeln zumindest eine Atmosphäre wider, die die von Lessing insinuierte theologische Würde der Dichtung und des Theaters weniger befremdlich und ungewöhnlich erscheinen läßt.

Eine zweite bedeutungsgeschichtliche Linie reicht zurück in die Antike. Von der Nähe zwischen Religion (bzw. Kult) und Theater über die heftigen Antagonismen zwischen dem Schauspiel und den reformatorischen, vor allem aber pietistischen Ausprägungen des christlichen Glaubens[92] führt diese Linie bis hin zur säkularisierten Verwendung des Theaters als »politischer Anstalt«[93] und Propaganda-Bühne. Günther Mahal, der ein höchst instruktives, allerdings auf Brecht konzentriertes Buch zum Thema *Die Bühne als Kanzel* verfaßt hat, skizziert die hier einschlägige Entwicklungslinie so: »Nun verdanken sich nicht allein die griechische Tragödie und das geistliche Schauspiel des Mittelalters […] einem kultisch-religiösen Ursprungs- und jahrhundertelangen Trägerbereich –

der äußerst wechselvollen Geschicken unterworfene und zweckgeheiligte Symbiosen wie auch gegenseitige Diffamierungskampagnen aufweisende geschichtliche Zusammenhang von ›Theater und Kirche‹ ist auch in anderen Epochen und Zonen evident. Er liegt auf der Hand für die konfessionspolemischen Dramen von Reformation und Gegenreformation – einer an nichts als am jeweiligen ›Glaubensfeind‹ orientierten und deshalb in hohem Maße außengerichteten Theaterliteratur [...]. Das Jesuitentheater insbesondere trägt den konfessionspolemisch-missionarischen Impetus des 16. Jahrhunderts bis ins Aufklärungszeitalter hinein. Der Zusammenhang Kirche – Theater ist ebenso eindeutig für die spanischen Autos sacramentales: fast in allen Stücken dieses Genres fällt der Verkündigungscharakter sofort ins Auge [...]. Zwischen Religion und Drama ist schließlich auch in den meisten Formen fernöstlichen Theaters ein über die Jahrhunderte hinweg selbstverständlich gebliebener Zusammenhang festzustellen. [...] In all diesen Dramen höchst unterschiedlicher Epochen und Provenienzen zeigt sich nicht nur, daß dramatische Literatur aus Kult, Religion und Kirche entstehen kann, sondern auch, daß gerade dramatische Literatur des auktorialen Typus auffällig oft im Dienst einer bestimmten religiösen Autorität ihren Weg beginnt, um dann entweder ihrem Ursprungsbereich treu zu bleiben oder sich, Schritt für Schritt, aus diesem zu lösen.«[94] Dieser Hintergrund bleibt für Lessings Verständnis des Theaters als Kanzel wichtig, doch wird man auch hier kaum von eindeutigen Beziehungen und Verbindungen sprechen können.

Größere Bedeutung dürfte demgegenüber einer traditionsreichen Zuordnung von Dichtung und Theologie zukommen. Dabei geht es um die Rede vom »poeta theologus«, um den Dichter, der kraft seiner Inspiration göttliche Wahrheit vermittelt und deutet.[95] Auf Plato und Aristoteles wird diese Vorstellung ebenso zurückgeführt wie auf Cicero und Varro. »Der *poeta theologus* ist also eine altgriechische Prägung, die auf dem Umweg über die Lateiner und Patristik zur Kenntnis des Mittelalters kam und sich zu christlicher Umdeutung vorzüglich eignete.«[96] Dabei gewinnt die Dichtung ebenso an Ansehen und Geltung wie die Theologie eine Bereicherung und Ausweitung erfährt. Der Vorstellung vom Theater als Kanzel und Ort der Verkündigung und Verdichtung göttlicher Wahrheit wird damit mächtig vorgearbeitet. »Mittelalterliche Dichter [...], von Alanus ab Insulis bis Dante Alighieri, verstanden ihre Werke bibelanalog als inspirierte Fassung der göttlichen Wahrheiten in der irdischen Chiffrensprache. Die Poetik der Renaissance hat die Auffassung vom poeta theologus dann bekräftigt.«[97] Theologie und Poesie werden fortan zu beinahe austauschbaren Größen. Namen wie Petrarca und Boccaccio, Grimmelshausen und Opitz, August Buchner und Sigmund von Birken sind hier vor allem zu nennen. Der erwähnte schlesische Barock-Dichter

Martin Opitz (1597-1639) beginnt sein 1624 veröffentlichtes, trotz seines geringen Umfangs sehr bedeutendes *Buch von der Deutschen Poeterey* – es liefert immerhin die Grundlagen für die moderne deutsche Kunstdichtung – mit der schlichten und doch programmatischen Feststellung: »Die Poeterey ist anfanges nichts anders gewesen als eine verborgene Theologie vnd vnterricht von Göttlichen sachen. Dann weil die erste vnd rawe Welt gröber vnd vngeschlachter war als das sie hette die lehren von weißheit und himmlischen dingen recht fassen vnd verstehen können so haben weise Männer was sie zue erbawung der Gottesfurcht gutter sitten vnd wandels erfunden in reime vnd fabeln welche sonderlich der gemeine pöfel zue hören geneigt ist verstecken vnd verbergen mussen.«[98] Dichtung wird hier als religiöse Unterweisung auf einer untersten Stufe, gleichsam als eine Theologie ersten Grades bestimmt. Ihr vor allem bleibt es aufgetragen, in leicht faßlicher, den Menschen angemessener Weise auch die göttlichen Wahrheiten bzw. die Wahrheit über die Götter zu vermitteln. Wie die Philosophie wird damit die Poetik zu einer »ancilla theologiae«; als Magd der Theologie ist sie dieser zum Dienst verpflichtet. Die Erfindungskraft des Dichters betrifft demnach eine »sinnreiche faßung aller sachen die wir vns einbilden können der Himlischen vnd jrrdischen«.[99] Deshalb gilt seit alten Zeiten die göttliche Inspiration, das Genie des Dichters als wichtig,[100] »denn ein Poete kan nicht schreiben wenn er wil sondern wenn er kan vnd jhn die regung des Geistes welchen Ovidius vnnd andere vom Himmel her zue kommen vermeinen treibet«.[101]

Die hier angedeutete Nähe zwischen Theater und Theologie sowie zwischen Dichtern und Theologen wird noch bei Johann Christoph Gottsched (1700-1766) in seinem *Versuch einer critischen Dichtkunst* von 1730 aufgegriffen und bekräftigt.[102] Allerdings wendet er sich ausdrücklich gegen eine Überstrapazierung des Wunderbaren, vor allem aber des Göttlichen in der Dichtung. Das gilt nicht zuletzt für die Bühne. In den heidnischen Schauspielen können zwar aufgrund der mythischen Überlieferungen des Homer »so wohl Götter, als Menschen, vorkommen«.[103] Christlichen und vernunftbestimmten Zeiten steht eine solche Ausgestaltung der »theatralischen Gedichte […] mit einigen göttlichen Erscheinungen und Wundern«[104] jedoch schlecht an. Von einer Dienstfunktion der Dichtung für die Theologie kann fortan keine Rede mehr sein. Dennoch erwähnt Gottsched im Blick auf die alten (griechischen) Dichter zumindest eine erstaunliche Parallelität zwischen Dichtern und Predigern, die zugleich die Gegenwart in den Blick nimmt: »Wenn nun die Poeten, diesem gemeinen Wahne zu folgen, fleißig die Musen anriefen: so klang es in den Ohren des Pöbels so andächtig, als wenn heutiges Tages die Prediger Gott um seinen Beystand zu ihrer Arbeit anflehen; und folglich machte es dem Dichter ein gutes Ansehen.«[105]

24

Man darf diesen Traditionsstrang in Hinblick auf Lessings Zuordnung von Kanzel und Theater weder über- noch unterschätzen. Auch wenn die daraus sich ergebenden Hinweise insgesamt zu schwach und zu dürftig erscheinen, um Lessings Wort schärfere Konturen zu verleihen und es auf einschlägige Quellen oder aber Vorstellungen zurückzuführen, so bleibt die hier vorliegende Tradition doch wichtig und prägend. Immerhin haben Opitz und Gottsched eine Überlieferung bewahrt, zum Teil wohl auch neu geprägt, die in einer säkular werdenden Welt am Religionsbezug der Dichtung zumindest grundsätzlich festgehalten hat und sich so gegen eine weitreichende Säkularisierung der Poesie zunächst erfolgreich wehren konnte. Es ist diese theologische Wertung und Würdigung der Dichtkunst, die es bedeutenden deutschen Pfarrerssöhnen, zu denen schließlich auch Lessing selbst gehörte, leicht(er) gemacht hat, von der Kanzel auf die Bühne zu wechseln und das Theater zum Ort ihrer Predigt zu machen.[106] Diese Zusammenhänge und Hintergründe werfen ein neues Licht auf Lessings Wort von der Bühne als Kanzel und verhelfen zu größerer Klarheit.

Endgültigen Aufschluß aber verspricht erst ein Rückblick auf eigene Aussagen dieses Dichters und Literaturkritikers. Dabei ist nur am Rande darauf hinzuweisen, daß Lessing sich in seinem letzten Lebensjahr verschiedentlich mit den Themen Kanzel, Predigt und Beredsamkeit beschäftigt hat. Leider verloren ist seine wohl um 1770 verfaßte *Predigt über zwei Texte,*[107] die übrigens ebenfalls im Kontext eines Goezeschen Streitgangs, diesmal allerdings mit seinem Amtskollegen Alberti, entstanden ist. In einem – allerdings sehr kurzen – Fragment 1778/1779 hat Lessing dann ausdrücklich eine *Betrachtung über die geistliche Beredsamkeit*[108] angestellt. Sein hier geäußertes Bedauern darüber, daß die »Kraft« der Beredsamkeit weitgehend geschwunden sei, weil »unsere Kanzeln [...] sich keiner Redner rühmen«[109] können, schlägt sich auch in längeren Passagen des 2. und des 5. *Anti-Goeze* nieder. Hier wird Lessing schon deutlicher und behauptet die strikte Analogie der Logik einer Komödie und einer Predigt:

> [...] wer zweifelt wohl, daß *Moliere* und *Shakespear* vortreffliche Predigten gemacht und gehalten hätten, wenn sie, anstatt des Theaters, die Kanzel hätten besteigen wollen?[110]

Um so mehr mag man bedauern, daß der Dichter Lessing die von ihm für Goeze entworfene Predigt *Ein Text über die Texte*[111] nur angedacht, aber nie wirklich angepackt hat. Das weist erneut darauf hin, daß für ihn das Theater die eigentliche Kanzel war und die Dichtung ihm als die wahre Predigt galt.

Dazu hat er sich 1767 bis 1769 in seiner *Hamburgischen Dramaturgie* ausführlich geäußert. In lockerer Anlehnung an die zuvor angesprochene

Tradition vom »poeta theologus« hat Lessing vor allem die Aufgabe des Dichters und seines Werkes im Horizont des Genie-Gedankens und damit einer außerordentlichen göttlichen Inspiration entfaltet.[112] Das Theater wird so zu einer eigenen Stätte der Sinnvermittlung für Vorgänge und Zusammenhänge, deren Wahrheit und Bedeutung in dem jeweils nur ausschnitthaft wahrgenommenen Bruchstück der Geschichte verlorenzugehen drohen. Es geht um »dramaturgisch konstruierte Geschichtsphilosophie [und um] geschichtstheoretisch gebautes Drama«.[113] Durch die Bühne werden die Augen geöffnet für die innere Wahrheit der Geschichte; durch sie wird der Zugang zu dieser Wahrheit geschaffen, die der Dichter als kleiner Gott der Bühne mit den Augen des alles lenkenden großen Schöpfers wahrzunehmen und dementsprechend nachzugestalten vermag. Nicht bloße Nachahmung, sondern ein religiös-genial zu verstehendes Neuschaffen und Neugestalten geschichtlicher Vorgänge auf der Bühne ist gefordert, um so deren wahren Sinn und Verlauf auf einer tieferen Ebene zu entdecken. »Die ästhetische Differenz des Kunstwerks zur ›gemeinen Natur‹ erhält dadurch die Würde, [...] Symbol einer göttlichen Weltordnung [zu sein], die im Kunstwerk auf eigene Weise erfahrbar wird.«[114] Von den dramatischen Charakteren muß deshalb gelten:

[Sie gehören] zu einer Welt, deren Zufälligkeiten in einer andern Ordnung verbunden, aber doch eben so genau verbunden sind, als in dieser; zu einer Welt, in welcher Ursachen und Wirkungen zwar in einer andern Reihe folgen, aber doch zu eben der allgemeinen Wirkung des Guten abzwecken; kurz, zu der Welt eines Genies, das – (es sei mir erlaubt, den Schöpfer ohne Namen durch sein edelstes Geschöpf zu bezeichnen!) das, sage ich, um das höchste Genie im Kleinen nachzuahmen, die Teile der gegenwärtigen Welt versetzet, vertauscht, verringert, vermehrt, um sich ein eigenes Ganze daraus zu machen, mit dem es seine eigene Absichten verbindet.[115]

Der schöpferische Umgang mit dem Stoff der Geschichte, mit den scheinbar unverrückbar »wirklichen«[116] Geschehnissen läßt den Dichter zum Sinndeuter werden, der übergreifende, transzendente, herkömmlicherweise als religiös bezeichnete Wahrheit entdeckt und darstellt. Er tut dies allerdings, ohne Gott selbst auf die Bühne zu zitieren oder ihn ausdrücklich zu erwähnen. Weder um verborgene Theologie noch um Darstellung des Wunderbaren geht es, sondern um Aufdeckung des »Natürlichen«, das mit dem faktisch Gegebenen nicht einfach gleichzusetzen ist, sondern diesem gegenübersteht, genauer: ihm als eigentliche, jedoch schwer erkennbare Folie unterliegt. Der tiefere Blick des Dichters wirkt deshalb buchstäblich offenbarend und aufklärend; er bringt das, was letztlich Gottes Werk ist, mit dem Anspruch auf Vernünftigkeit zur dramatischen Darstellung und damit gleichzeitig der Vernunft zur Einsicht.

26

Kanzel in der Kamenzer Hauptkirche St. Marien, von der Lessings Vater fünfzig Jahre lang gepredigt hat.

Von dieser religiösen und zugleich aufklärenden Funktion des Dramas, von dem Theater als Ort der Offenbarung göttlicher Wahrheit über Welt und Geschichte, also letztlich von der eigenen Qualität und dem Auftrag des Dichters als eines ›Predigers‹ spricht Lessing wiederum in seiner *Hamburgischen Dramaturgie:*

> Man sage nicht: erweckt ihn [diesen Jammer] doch die Geschichte; gründet er sich doch auf etwas, das wirklich geschehen ist. – Das wirklich geschehen ist? es sei: so wird es seinen guten Grund in dem ewigen unendlichen Zusammenhange aller Dinge haben. In diesem ist Weisheit und Güte, was uns in den wenigen Gliedern, die der Dichter herausnimmt, blindes Geschick und Grausamkeit scheinet. Aus diesen wenigen Gliedern sollte er ein Ganzes machen, das völlig sich rundet, wo eines aus dem andern sich völlig erkläret, wo keine Schwierigkeit aufstößt, derentwegen wir die Befriedigung nicht in seinem Plane finden, sondern sie außer ihm, in dem allgemeinen Plane der Dinge, suchen müssen; das Ganze dieses sterblichen Schöpfers sollte ein Schattenriß von dem Ganzen des ewigen Schöpfers sein; sollte uns an den Gedanken gewöhnen, wie sich in ihm alles zum Besten auflöse, werde es auch in jenem geschehen: und er vergißt, diese seine edelste Bestimmung so sehr, daß er die unbegreiflichen Wege der Vorsicht mit in seinen kleinen Zirkel flicht, und geflissentlich unsern Schauder darüber erregt?[117]

Der geniale Blick des Dichters erlaubt es, die Geschichte gleichsam mit den Augen Gottes bzw. der Vorsehung zu betrachten und hinter allem vordergründigen Un-Sinn einen letzten, unverlierbaren Sinn zu entdecken, vielleicht auch nur zu ahnen oder zumindest zu imaginieren. »Nach Lessing hat der Dichter sein Richtmaß nicht an dem kontingenten Faktum, ›das wirklich geschehen ist‹, sondern an der umfassenden Weltidee eines göttlichen Universums […].«[118] So empfindlich menschliches Handeln und schuldhaft heraufgeführter Un-Sinn diese letzte Positivität der Geschichte auch stören mögen – *zer*stören können sie diesen Sinn nicht. Hier gelangen die Vernunft und die Handlungsmöglichkeiten des Menschen an eine deutliche Grenze: »Lessing setzt [demnach] eine gründende Vernunft in Schöpfung und Geschichte voraus, die sich in der Wirklichkeit verbirgt, aber nicht erst das Produkt menschlichen Herstellens ist.«[119]

Allerdings darf man die wesentlich praktische Wendung dieses dichterischen ›Verkündigungsauftrags‹ nicht vergessen. Was die *Ankündigung des Nathan* beschreibt, bleibt hier unter stützendem Verweis auf die *Hamburgische Dramaturgie* in Erinnerung zu rufen. Gerade weil der Abstand zwischen der auf der Bühne vorgestellten »natürlichen Welt« des Dichters und der ganz anders erlebten »wirklichen Welt« des Zu-

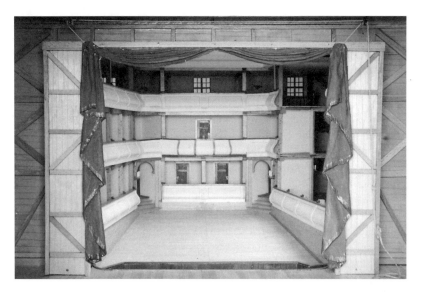

Blick von der Bühne in den Zuschauerraum des Hamburger National-
theaters, an dem Gotthold Ephraim Lessing 1767/1768 als Dramaturg
wirkte. (Originalgetreue Nachbildung: Lessing-Museum Kamenz)

schauers im dramatischen Geschehen offenkundig wird, setzt das Theater eine neue gesellschaftliche Praxis frei. »Wenn Lessing in der *Ankün-*
digung an die Stelle der Wahrscheinlichkeit ›Natürlichkeit‹ und ›Wirklichkeit‹ setzt, so ist das keine Änderung seines Programms, sondern eine
Ausdifferenzierung. Lessings Glaube an den Sinn der Geschichte, die
Vorsehung, ist ungebrochen. Aber im Rahmen der Vorsehung kommt nun
der Träger der Geschichte, der Mensch in den Blickpunkt.«[120] Die Kunst
hat daher für Lessing die wichtige und unverzichtbare Aufgabe, »zur
Vergewisserung des sittlich Möglichen beizutragen«.[121] Wer auf diese
Weise Einsicht gewinnt in den Sinn des geschichtlichen Geschehens,
muß seinen eigenen Ort darin überdenken, neu bestimmen und künftig
anders handeln. Dem Zuschauer und seiner Verantwortung bleibt es
überlassen, die vom Dichter imaginierte und auf der Bühne vorgestellte
Welt nun auch »Wirklichkeit« werden zu lassen, also keineswegs »der
Vorsehung allein«.[122]

Damit hat Lessing einen neuen Anspruch des Theaters, einen neuen
Anspruch an den Zuschauer formuliert. Für diesen »gilt es herauszu-
finden, *was* die Ineinssetzung von Bühnenwirklichkeit und ›wirklicher‹
Wirklichkeit verhindert«.[123] Genau mit dieser neuen Aufgabenstellung
für den Zuschauer sprengt Lessing die Grenzen der Zuständigkeit des
Dramas und macht das Theater tatsächlich zur Kanzel – zu jenem Ort
nämlich, der »die Kluft von ›Sein‹ und ›Sein-sollen‹«[124] schonungslos

offenlegt, damit zugleich jedoch deren prinzipielle Überwindbarkeit verkündet und zu solcher Überwindung aufruft und anleitet.

Diese Ermutigung und dieser Auftrag des Theaters, vor allem aber des dramatischen Gedichts *Nathan der Weise* offenbaren eine erstaunliche sachliche Konvergenz zur wesentlichen Aufgabe der Predigt.[125] Was für diese gilt, scheint Lessing der Dichtung auf der Bühne ebenfalls zuzuweisen. Zunächst geht es um einen Sinnzuspruch, eine Einweisung in den tieferen Sinn und das letzte Heil dieser Geschichte, deren Irrungen und Wirrungen den Menschen oft genug an einem gütigen Gott *zweifeln*, wenn nicht gar *verzweifeln* lassen. Der vordergründigen, jedoch als übermächtig empfundenen Erfahrung einer angeblich »wirklichen Welt« setzt Lessing ebenso kritisch wie ermutigend die viel entscheidendere Realität einer grundsätzlich zum Besten des Menschen eingerichteten »natürlichen Welt« entgegen. An die Stelle einer *unheil* erscheinenden Welt rückt er deren helle und lichte, zum Heil des Menschen eingerichtete Wahrheit.

Doch Lessing bleibt Realist genug, um die Schattenseiten der Wirklichkeit nicht zu übersehen. Hier folgt dem Indikativ des Heilszuspruchs in seiner »Predigt« der Imperativ, die Handlungsanweisung: An den Menschen selbst liegt es, ob das vom Dichter vorgestellte, aus göttlicher Inspiration herkünftige Bild der Welt sich als *wirklich* erweist, und dies in einem doppelten Sinn: als *wirksam* im Handeln des Menschen, damit zugleich aber als Realität, also *Wirklichkeit,* herstellend. Lessings Theorie des Dramas entspricht demnach auf frappierende Weise dem formalen Grundraster christlicher Verkündigung. Auch sie leitet ihre Handlungsimpulse aus der vorausgehenden Darstellung der neuen Heilswirklichkeit her und gründet so den Imperativ auf den Indikativ, die Praxis auf den Sinn und Heilszuspruch.

Als Fazit dieser vielschichtigen Überlegungen bleibt festzuhalten: Nicht nur formal, sondern auch funktional gesehen gibt es bei Lessing eine erstaunliche Konvergenz zwischen Bühne und Kanzel, zwischen Theater und Predigt. Eine solche Feststellung allein kann allerdings kaum zufriedenstellen. So wichtig diese allgemeinen und formalen Analogien auch sein mögen – weit mehr interessiert die Frage, welchen Inhalt Lessings Predigt auf dem Theater hat. Zu untersuchen ist demnach, welches Schlußwort er im theologischen Streit spricht und welche programmatische Wegweisung er damit verbindet. Um diese Frage sachgemäß anzugehen und zu beantworten, bleibt eine knappe Information über Anlaß und Gestalt von Lessings Theologiekritik, vor allem aber über seine Auseinandersetzung mit Goeze, unerläßlich.[126]

Anlaß und Programmatik von Lessings Theologiekritik

Zwischen 1774 und 1778 hat Lessing Teile einer Handschrift veröffentlicht, die ihm in seiner Hamburger Zeit zugänglich war und die ihn für die Sache des Christentums höchst besorgt gemacht hatte. Ihr Titel lautete *Apologie oder Schutzschrift für die vernünftigen Verehrer Gottes.* Verfasser war der bereits 1768 verstorbene Hamburger Philologe und Orientalist Hermann Samuel Reimarus.

Der Inhalt dieser Schrift war für das Judentum, erst recht aber für das Christentum vernichtend. Reimarus ging mit dem Seziermesser historischer Kritik an die biblischen Überlieferungen heran. Dem konnte damals nur wenig standhalten. Das große Wunder des Durchzugs durch das Rote Meer erschien bei genauerer Betrachtung als eine einzige, aufgebauschte Lüge. Ebenso die Botschaft von der Auferstehung Jesu. Angesichts der vielfältigen Widersprüche in den Auferstehungsberichten der Bibel kann es sich dabei – so Reimarus – nur um eine grandiose Lüge der Jünger handeln, die in Wahrheit den Leichnam Jesu heimlich gestohlen haben. Noch mehr: Bei genauerer Betrachtung ordnet sich Jesus ziemlich unspektakulär als ein profilierter Reformer dem Judentum seiner Zeit ein – er will ein politisch-messianisches Reich errichten. Das ist sein eigentliches Lehrsystem. Nach seinem Scheitern am Kreuz haben die Jünger auf geniale Weise ein anderes, völlig verändertes System ersonnen – die Lehre von einem geistlichen Messias, gestützt auf das Lügengebäude der Auferstehung.

Diese von Reimarus vorgestellte Theorie war keineswegs neu, doch fand sie sich selten so kompetent und stringent zusammengetragen. Die Konsequenz des Reimarus lautete: Das Christentum hält dem kritischen Urteil der Vernunft nicht stand. Seine historische Basis ist aufgelöst. Deshalb kann man sich nur noch auf eine Religion einlassen, die sich allein auf die Vernunft und ihre Wahrheiten stützt.

Als Lessing diese Schrift des Reimarus in die Hände bekam – in ganzem Umfang wurde das Werk erstmals 1972 publiziert! –, zerbrach sein Vertrauen in die grundlegende Beweiskraft der biblischen Berichte endgültig. Wer sich angesichts dieser unsicheren historischen Grundlagen des Christentums noch auf eine historische Beweisart einließ, wer sich auf die Bibel stützte, statt die Vernunft zu gebrauchen, der schaufelte der christlichen Religion das Grab. »Auf diesen Schlamm«[127] – so Lessing – ließ sich keine Überzeugung gründen, die vor der kritischen Vernunft, vor der Aufklärung standhalten konnte. Also doch fort mit dem Christentum? Diese Konsequenz hat Reimarus gezogen. Lessing jedoch argumentiert und folgert keineswegs so rasch. Für ihn gilt grundsätzlich, was sein Hauptgegner, der Hamburger Hauptpastor Goeze, weder zu verstehen noch zu diskutieren bereit ist:

Bei mir bleibt die christliche Religion die nemliche: nur daß ich die Religion von der Geschichte der Religion will getrennet wissen. Nur daß ich mich weigere, die historische Kenntnis von ihrer Entstehung und ihrer Fortpflanzung; und eine Überzeugung von dieser Kenntnis, die schlechterdings bei keiner historischen Wahrheit sein kann, für unentbehrlich zu halten. Nur daß ich die Einwürfe, die gegen das Historische der Religion gemacht werden, für unerheblich erkläre; sie mögen beantwortet werden können, oder nicht. Nur daß ich die Schwächen der Bibel nicht für Schwächen der Religion halten will. Nur daß ich die Prahlerei des Theologen nicht leiden kann, welcher dem gemeinen Manne weis macht, jene Einwürfe wären alle schon längst beantwortet.[128]

So begibt sich Lessing auf die Suche nach Beweisen für die Wahrheit der christlichen Religion, die schlagkräftiger sind als die bislang vorgebrachten historischen Argumente. Dabei zeigt er sich davon überzeugt, daß sich das Christentum trotz seines brüchig gewordenen historischen Fundaments vor der Vernunft legitimieren kann – allerdings auf eine bisher zu wenig beachtete Weise. Dazu gibt Lessing drei wichtige Hinweise.

Erstens regt er an, sich aus der sklavischen Bindung an den Buchstaben der Bibel zu befreien. Wichtig sind allein deren Geist, die darin sich bezeugende Religion und ihre wegweisenden Wahrheiten. Alles andere verblaßt daneben zur Bedeutungslosigkeit. Wer deshalb *alles* für wahr und heilig erklärt, gibt das ganze Christentum der historischen Kritik und damit dem Verderben preis. Deshalb gilt:

Der Buchstabe ist nicht der Geist, und die Bibel ist nicht die Religion. […] Folglich sind die Einwürfe gegen den Buchstaben und gegen die Bibel, nicht eben auch Einwürfe gegen den Geist und gegen die Religion.[129]

Zweitens verweist Lessing auf die Tatsache, daß das Christentum über mehr als 1700 Jahre der Vernunft auf die Spur geholfen hat.[130] Damit hat es sich in seinen Früchten hinreichend legitimiert als vernunft-freundlich, keineswegs aber vernunft-feindlich. Mag der geschichtliche Grund des Christentums auch brüchig sein und sich vielleicht sogar als Betrug erweisen – was tut das, wenn Gott durch seine Vorsehung so viele gute Wirkungen von dieser Religion hat ausgehen lassen? Die Vernunft selbst also ist in der Geschichte dieser Religion am Werk und auf dem Weg. Die christliche Religion und ihre Geschichte erscheinen deshalb als eine (auch) von der Vorsehung zustandegebrachte Wirklichkeit. Die Vernunft muß sie deshalb zumindest gelten lassen:

Die wunderbare Religion muß die Wunder wahrscheinlich machen, die bei ihrer ersten Gründung sollen geschehen sein. Aber auf die historische Wahrscheinlichkeit dieser Wunder die Wahrheit der Religion gründen: wenn das richtig, wenn das auch nur klug gedacht ist! [...] Die Wunder, die Christus und seine Jünger taten, waren das Gerüste, und nicht der Bau. Das Gerüste wird abgerissen, sobald der Bau vollendet ist. Den muß der Bau wenig interessieren, der seine Vortrefflichkeit nur aus dem abgerissenen Gerüste beweisen zu dürfen glaubt [...].[131]

Drittens verweist Lessing auf die »Erfahrung«, die man doch in der Gegenwart mit der christlichen Religion machen kann, vor allem mit ihrer förderlichen Wirkung auf die Ausbildung der Vernunft und eine wachsende Humanität. Um das zu erläutern, schreibt er seine wenig bekannte, doch sehr gelungene *Palast-Parabel*.[132] Das Christentum erscheint hier als skurriles Bauwerk, als ein allen Regeln von Kunst und Architektur widerstreitender Palast. Auf den ersten Blick widerspricht dieser Bau der Vernunft, doch er fordert diese zugleich zu neuen Einsichten heraus. Viel »Licht von oben«[133] gibt es trotz weniger Fenster in diesem Palast – Erkenntnis und Einsicht, Wahrheit und Vernünftigkeit sind ihm also eigen. Jene, die den Palast angeblich am besten kennen, streiten jedoch über seine längst verlorenen Grundrisse, über die Vergangenheit und die Fragmente.

> Nur wenige sagten: ›was gehen uns eure Grundrisse an? Dieser oder ein andrer: sie sind uns alle gleich. Genug, daß wir jeden Augenblick erfahren, daß die gütigste Weisheit den ganzen Pallast erfüllet, und daß sich aus ihm nichts, als Schönheit und Ordnung und Wohlstand auf das ganze Land verbreitet.‹[134]

Behutsam lenkt Lessing schon hier den Blick auf etwas, das er verschlüsselt und geheimnisvoll die »*innere* Wahrheit« des Christentums nennt, »die Wahrheit, die keiner Beglaubigung von außen bedarf«.[135]

Im Streit mit Goeze geht es um beides: zunächst um den durchschlagenden und jenseits aller historischen Kritik tragfähigen Beweis für den Wahrheitsanspruch des Christentums; dann aber auch um den letzten, unverbrüchlichen Wesenskern und Geltungsanspruch der christlichen wie jeder Religion überhaupt. Als der Hauptpastor seinen Gegner im Streit festzunageln versucht und ihn auf den Kopf zufragt, »was für eine Religion er durch die christliche Religion verstehe; und was für eine Religion er selbst als die wahre erkenne und annehme?«,[136] antwortet Lessing eher ausweichend mit zwei Schriften, denen er den bezeichnenden Titel gibt: *Nötige Antwort auf eine sehr unnötige Frage des Hrn. Hauptpastor Goeze in Hamburg*.[137] Vielleicht gilt hier wie nirgends sonst das änigmatische Wort aus einem anderen Spätwerk Lessings, den *Gesprächen für Freimäurer*:

Der Weise *kann* nicht sagen, was er besser verschweigt.[138]

Wenn nicht alles täuscht, hat Lessing dennoch eine Antwort auf diese Frage gegeben – auf die ihm eigene Weise, in der poetisch-ästhetischen Form des dramatischen Gedichts *Nathan der Weise*. Weit über den Streitgegenstand hinaus reicht hier sein Fingerzeig.

Nathan der Weise:
eine poetische Predigt über die wahre Religion

Lessing überwindet in diesem Drama ganz offensichtlich die als Publikumserwartung feststellbare »Alternative dramatisierte Polemik oder bühnenwirksames Schauspiel«[139] und eröffnet völlig unerwartet ganz neue Dimensionen und Perspektiven. Die von ihm gewählte dramatische Form läßt zudem erkennen, daß er sich mit diesem Stück wohl kaum in erster Linie an die Theologen seiner Zeit wenden wollte, zumal »Goezes Theaterfeindlichkeit [niemals] ein Drama als Diskussionsbeitrag ernst nehmen«[140] konnte. Lessings Publikum waren eher die literarisch Gebildeten, aber auch solche Leser, die zwar literarisch interessiert waren, aber nur über eine geringe Bildung verfügten. Ihnen wird im *Nathan* eine religiös geartete Wahrheit verkündet, die die Ebene des Theologenstreits bei weitem überragt und hinter sich läßt. Um so bedauerlicher bleibt es, daß man dieses Drama immer wieder von der Ringparabel her gelesen und verstanden hat. Von Relativismus war dabei die Rede und von Rückzug auf eine reine Humanitätsreligion, deren Akzent allein auf der Tat liege.[141] Auf diese Weise hat man Lessings Botschaft verkürzt und die von ihm angestrebte Höhe verfehlt.

Doch die Ringparabel will nur ein Sprungbrett sein für das, was Lessing wirklich zu sagen und als religiös gefärbte Wahrheit nahezubringen versucht. Sie stellt weder den Ausgangs- noch den Endpunkt des Dramas dar – und auch nicht seine Mitte.[142] Auf gewinnende und zugleich endgültige Weise wird darin nochmals vor Augen gestellt, was als eine der wichtigsten Erkenntnisse im theologischen Streit zu gelten hat – die Aporie, in die für Lessing jegliche historische Begründung für den Geltungsanspruch einer Religion führen muß. Daß dies nicht nur für das Christentum, sondern ebenso für die beiden anderen großen Offenbarungsreligionen, für das Judentum und für den Islam, gilt, macht Nathan in der Ringparabel mit feiner Ironie deutlich. Die vom Sultan erwartete direkte Antwort auf seine Frage muß er deshalb weit zurückweisen. Nach Nathans Überzeugung formuliert Saladin nämlich im Blick auf die drei Offenbarungsreligionen eine allzu hohe Erwartung, wenn er meint:

                                        Da du nun
So weise bist: so sage mir doch einmal –
Was für ein Glaube, was für ein Gesetz
Hat dir am meisten eingeleuchtet?
                    […] Ein Mann, wie du, bleibt da
Nicht stehen, wo der Zufall der Geburt
Ihn hingeworfen: oder wenn er bleibt,
Bleibt er aus Einsicht, Gründen, Wahl des Bessern.
Wohlan! so teile deine Einsicht mir
Dann mit. Laß mich die Gründe hören, denen
Ich selber nachzugrübeln, nicht die Zeit
Gehabt.[143]

Darauf fragt sich Nathan:

                    Was will der Sultan? was? – Ich bin
Auf Geld gefaßt; und er will – Wahrheit. Wahrheit!
Und will sie so, – so bar, so blank, – als ob
Die Wahrheit Münze wäre! – Ja, wenn noch
Uralte Münze, die gewogen ward! –
Das ginge noch! Allein so neue Münze,
Die nur der Stempel macht, die man aufs Brett
Nur zählen darf, das ist sie doch nun nicht!
Wie Geld in Sack, so striche man in Kopf
Auch Wahrheit ein? Wer ist denn hier der Jude?
Ich oder er?[144]

Das Märchen, das Nathan dann auf ergreifende und den Sultan tief er-
schütternde Weise erzählt, mündet exakt in jene Aporie, die Goeze und
andere wache Geister dieser Jahre nicht zu erkennen imstande oder auch
bereit waren. Für die drei Offenbarungsreligionen gilt nämlich ohne Unterschied:

Denn gründen alle sich nicht auf Geschichte?
Geschrieben oder überliefert! – Und
Geschichte muß doch wohl allein auf Treu
Und Glauben angenommen werden? – Nicht? –
Nun wessen Treu und Glauben zieht man denn
Am wenigsten in Zweifel? Doch der Seinen?
Doch deren Blut wir sind? doch deren, die
Von Kindheit an uns Proben ihrer Liebe
Gegeben? die uns nie getäuscht, als wo
Getäuscht zu werden uns heilsamer war? –
Wie kann ich meinen Vätern weniger,
Als du den deinen glauben? Oder umgekehrt. –

Kann ich von dir verlangen, daß du deine
Vorfahren Lügen strafst, um meinen nicht
Zu widersprechen? Oder umgekehrt.
Das nemliche gilt von den Christen. Nicht? –[145]

In diese Aporie aller Offenbarungsreligionen führt der erste Teil der
Ringparabel und läßt den Sultan zu Tode erschrecken.

Wenn die Geschichte nicht über die Wahrheit der Religionen entschei-
den kann, wer soll es dann tun, hier und jetzt? Wie soll man mit dieser
Situation umgehen, wenn man die Lösung der Wahrheitsfrage nicht auf
den Jüngsten Tag verschieben will? Wo Verzweiflung aufkeimt, setzt
Nathan seine Parabel fort und erzählt von einem Rat, nicht aber von einer
Entscheidung des Richters:

wenn ihr
Nicht meinen Rat, statt meines Spruches, wollt:
Geht nur! Mein Rat ist aber der: ihr nehmt
Die Sache völlig wie sie liegt [...]
Wohlan!
Es eifre jeder seiner unbestochnen
Von Vorurteilen freien Liebe nach!
Es strebe von euch jeder um die Wette,
Die Kraft des Steins in seinem Ring' an Tag
Zu legen! komme dieser Kraft mit Sanftmut,
Mit herzlicher Verträglichkeit, mit Wohltun,
Mit innigster Ergebenheit in Gott,
Zu Hülf'![146]

Nicht zur Verachtung und zur Verwerfung der Religionen fordert die
Ringparabel auf, sondern dazu, in ihren innersten Kern einzudringen und
diesen mit Leben zu erfüllen. Mit dieser Situation umgehen aber verlangt, aus »innigster Ergebenheit in Gott«[147] wahrhaft menschlich zu
handeln. Nicht um eine horizontal verflachte, rein immanent, nämlich
aus autonom verstandener Vernunft begründete Humanität geht es bei
diesem Rat. Er zielt vielmehr auf religiös bestimmte Wahrheit und eine
abgründige, der Vernunft als ihre Grenze aufleuchtende Weisheit. Was
damit gemeint ist, worin die hier beschriebene Haltung der Gottergebenheit besteht und wie sie zu leben ist, zeigt die dramatische Handlung.

Der eigentliche Höhepunkt des *Nathan* liegt in einer Szene, die weit
über alle Moralität hinaus »die Dimension der religio, der religiösen
Erfahrungen«[148] berührt. In ihr deutet sich Lessings poetische Antwort
auf die Frage nach seinem Verständnis der christlichen Religion an.
Wenn überhaupt, dann ist es die hier gemeinte Szene, die Hiob erneut auf
die Bühne transponiert und damit das Theater tatsächlich zur Kanzel
werden läßt. Diese Zusammenhänge lassen sich rasch skizzieren.

36

Iffland als Nathan.
Stich nach einer Henschel-Zeichnung, Berlin 1802

Zu erinnern ist zunächst daran, daß der eigentliche Beginn der Spiel-
handlung noch vor dem Geschehen auf der Bühne liegt. Drei gute Taten,
vollbracht von den drei Hauptrepräsentanten der drei Offenbarungsreligionen, eröffnen das Spiel. Sie sorgen zugleich dafür, daß die Handlung
zielstrebig ihrer Vollendung entgegengeht. So hat der Jude Nathan den
Christen die Ermordung seiner Familie vergeben und ein getauftes Chri-
stenkind in Gestalt seiner Pflegetochter Recha angenommen. Der Sultan
Saladin hat einem christlichen Tempelherrn das Leben geschenkt, der
sich später als sein Neffe erweisen soll. Dieser Tempelherr aber hat das
Judenmädchen Recha, seine noch unerkannte Schwester, vor dem Flam-
mentod gerettet. Diese drei guten Taten bringen eine Art ›Spiel der Vorsehung‹ in Gang, in dem sich allmählich eins ins andere fügt: Erst die
ihm geschenkte Freiheit ermöglicht dem Tempelherrn die Rettung Rechas; diese Rettung weckt eine allmählich aufkeimende Zuneigung und
Liebe zwischen beiden; die Begegnung des Tempelherrn mit Nathan
führt auf die Spur der wahren Abstammung Rechas; daß sie vielleicht mit
dem Tempelherrn verwandt ist, verbietet Nathan die sofortige Einwil-
ligung in die Verbindung beider; zugleich wird Nathan das zweite, größte
Opfer abverlangt – der öffentliche Verzicht auf die leibliche Vaterschaft
gegenüber Recha; die unbedachten Handlungen Dajas und des Tempelherrn führen zu größten Verwirrungen und bringen den Sultan ins Spiel;
dieser aber steht Nathan ebenso wohlwollend gegenüber wie dem Tempelherrn; ihn kann er dank Nathans besonnenem Bemühen am Ende als
seinen Neffen in die Arme schließen.

Nur vordergründig erscheint die Handlung verworren und in die Irre
zu gehen – in Wahrheit schreitet sie zielstrebig voran. Unter Auflösung
oder aber Überschreitung aller Tabus, welche die Religionen selbst, aber
auch die beinahe inzestuös sich gestaltende Beziehung zwischen dem
geschwisterlichen Liebespaar Recha und Tempelherr darstellen,[149] mündet das dramatische Spiel in die Erkenntnis der geistigen und/oder leib-
lichen Verwandtschaft der Hauptpersonen untereinander. Wird hier »eine
versöhnliche Religions-Utopie«[150] vorgestellt, so gründet diese letztlich
in den voraufgehenden Taten Nathans, Saladins und des Tempelherrn.
Zugleich wird dieses Ende um einen teuren Preis erkauft. Auf der Bühne
jedenfalls sind Nathan einerseits sowie Recha und der Tempelherr ande-
rerseits am Ende nicht nur heitere und unbeschwerte Gewinner eines un-
verhofften Glücks. Für sie alle bringt der Gang der Ereignisse vielmehr
auch bittere Enttäuschungen und einen herben Verlust mit sich. Für Recha und den Tempelherrn beginnt am Ende, nachdem sie einander als
Geschwister erkannt haben, »erst eigentlich jenes Drama von der Trauer
um eine vereitelte Verbindung, die sich bereits bis zum Liebesgeständnis
und Heiratswunsch artikuliert hatte«.[151] Daß schon hierin ein wichtiger
Fingerzeig Lessings liegt, der weit über dieses Schauspiel hinausweist

und »gerade in Anbetracht des großen Verlustes die Möglichkeit des Gewinns einer neuen Form von Kommunikationsgemeinschaft aufscheinen«[152] läßt, bleibt festzuhalten.

Wichtiger jedoch erscheint die analog dazu geratene »Erziehung« Nathans.[153] Die ebenso offene wie sprechende Schlußszene allseitiger Umarmungen wird nämlich erst möglich gemacht durch eine erneute Bekehrung Nathans zu einer tieferen, in religiöse Dimensionen verweisenden Weisheit der Vernunft. »Ergebenheit in Gott« bleibt hier jenes Stichwort, das – im Drama nur dreimal, dafür aber um so pointierter gebraucht[154] – Lessings Fingerzeig umspielt und den »cantus firmus« seiner Nathan-Predigt andeutet. Gemeint ist damit jedoch keineswegs eine rein moralische Verhaltensweise, also ein ohne religiöse Momente begründbares und leistbares humanes Handeln. Vielmehr geht es um eine Haltung, die die Gründung des Menschseins jenseits vernünftig einsehbarer Zusammenhänge und einer aktiven Lebensgestaltung andeutet und damit ins letztlich Unsagbare verweist. Hier zeigt sich die besondere Leistungskraft des Theaters gegenüber einer durch geschliffene Lehr- und Kanzelworte nie erreichbaren Wahrheitsvermittlung. »Der *Nathan* übersetzt offensichtlich den Gehalt der theoretischen Schriften Lessings so in poetische Form, daß das, was in den anderen Formen nur in einer charakteristischen Umprägung zu formulieren war, nun direkt angehbar ist.«[155] Das Drama verdichtet in seiner poetischen und damit zugleich zeitenthobenen Aussagekraft eine den Menschen übersteigende »Ereigniswirklichkeit«,[156] die für das menschliche Dasein und Handeln keineswegs außergewöhnlich ist.

Die tiefere Dimension wird bereits im ersten Auftritt des ersten Aktes durch ein Wort Nathans unmißverständlich angedeutet. In Hinblick auf Recha bleibt er verzweifelt besorgt um den Anschein seiner Vaterschaft:

Wenn ich mich wieder je entwöhnen müßte,
Dies Kind mein Kind zu nennen![157]

Der Fortgang der dramatischen Handlung verlangt jedoch genau dies von Nathan. Die Entscheidung fällt in der Schlüsselszene des Dramas, im 7. Auftritt des vierten Aktes. Hier erinnert sich Nathan im Gespräch mit dem Klosterbruder an die verzweifeltste Erfahrung seines Lebens, die sich als wahre Hiob-Situation enthüllt. Ingrid Strohschneider-Kohrs hat auf eindringliche und überzeugende Weise die Tragweite dieser Hiob-Reminiszenz dargestellt und ihr besonderes Profil herausgearbeitet. Sie kommt zu dem Schluß, daß Lessings Nathan-Dichtung »mit ihrer Art der Hiob-Chiffre und Hiob-Verweisung als *etwas Singulares*, etwas nachgerade *Exzeptionelles* zu bezeichnen ist.«[158]

Tatsächlich stellt sich mit Lessings indirekter Erinnerung an die biblische Hiob-Erzählung auf der Bühne die Frage nach einem göttlich verbürgten Sinn der Geschichte in aller Tragik und in allem Un-Sinn. Dabei geht es weder um bloße Vernunft noch um reine Sittlichkeit. Zur Sprache kommt vielmehr etwas, das sich als »religio-Erfahrung«[159] im strengsten und zugleich umfassendsten Sinn des Wortes bezeichnen läßt, als Erfahrung einer letzten Grenze des Wissens, die anzuerkennen und gleichzeitig im Verweismodus zu überwinden nur einer gottergebenen Vernunft möglich ist, welche sich als wahre Weisheit begreift und artikuliert. Genau darin liegt der ›Fingerzeig‹ von Lessings Antwort auf die Frage nach der Wahrheit der Religionen. Nathan berichtet, wie vor langen Jahren christliche Horden ihm, dem Juden, seine Frau und sieben Söhne grausam verbrannt haben. In dieser schmerzlichen Situation traf ihn damals der Klosterbruder an und überreichte ihm einen winzigen Säugling, die spätere Pflegetochter Recha:

Als

Ihr kamt, hatt' ich drei Tag' und Näct' in Asch
Und Staub vor Gott gelegen, und geweint. –
Geweint? Beiher mit Gott auch wohl gerechtet,
Gezürnt, getobt, mich und die Welt verwünscht;
Der Christenheit den unversöhnlichsten
Haß zugeschworen – […]
Doch nun kam die Vernunft allmählig wieder.
Sie sprach mit sanfter Stimm': ›und doch ist Gott!
Doch war auch Gottes Ratschluß das! Wohlan!
Komm! übe, was du längst begriffen hast;
Was sicherlich zu üben schwerer nicht,
Als zu begreifen ist, wenn du nur willst.
Steh' auf!‹ – Ich stand! und rief zu Gott: ich will!
Willst du nur, daß ich will! – Indem stiegt Ihr
Vom Pferd', und überreichtet mir das Kind,
In Euern Mantel eingehüllt. – Was Ihr
Mir damals sagtet; was ich Euch: hab' ich
Vergessen. So viel weiß ich nur; ich nahm
Das Kind, trugs auf mein Lager, küßt' es, warf
Mich auf die Knie' und schluchzte: Gott! auf Sieben
Doch nun schon Eines wieder![160]

Dieses religiöse Schlüsselerlebnis Nathans, dieses höchst authentische Bekenntnis zu dem, was jenseits aller Vernunft ist und alle menschliche Willenskraft übersteigt, läßt sich nicht in worthafte Erläuterung auflösen. So würde alles zerstört und das Drama als bloßes Lehrstück verstanden. Die poetische Form und die bewußt gewählte Indirektheit in der Schilderung einer vergangenen religiösen Erfahrung lassen sich nicht mehr in eine erklärend-verstehende Sprache und Begrifflichkeit überführen.

Ernst Deutsch als Nathan der Weise.
Schauspielhaus Düsseldorf 1956. Photographie, Theatermuseum Köln

»Vielleicht markiert dieser Text [gerade auf diese charakteristische Wei-
se] sogar den fortgeschrittensten Stand der gedanklichen Bemühungen
Lessings.«[161] Einige vorsichtige Hinweise und Andeutungen müssen deshalb genügen.

Auf einzigartige Weise wird hier die Vernunft als Weisheit verstanden,
als ein Organ, welches auch das anerkennt, was »schwer zu begreifen«
bleibt. Erst in der freien Anerkennung von Gottes Ratschluß gewinnt die

Vernunft daher ihre wahre Größe. Damit aber greift Lessing – mehr als auf den ersten Blick sichtbar – auf die biblische Gestalt Hiobs und die an ihr exemplifizierte »conversio sapientis« zurück.[162] Denn dieser Hiob gelangt »zu der seiner ›Vernunft‹, seinem Denken zugemuteten Erkenntnis von den Grenzen menschlichen Begreifens angesichts dessen, was mit dem Wort ›Rat‹/›Ratschluß‹ angedeutet ist«.[163] Auch Nathan vollzieht diese Wendung zur Weisheit und hebt dabei – darin die biblische Vorlage überbietend – gegen jeden Zweifel ausdrücklich die Existenz Gottes hervor. Diese ganz und gar vernunftbestimmte Übereignung an Gott aber bleibt nicht folgenlos, sondern zeitigt unmittelbar praktische Wirkungen. Sie schenkt zugleich jene umfassende »Möglichkeit der moralitas […], die mit zustimmendem Lebensvertrauen und frei von jeder Zweckabsicht ›das Gute‹ zu tun vermag«.[164]

Für Nathan scheint durch seine Gottergebenheit, durch die von ihm erreichte Weisheit der Vernunft jene ebenfalls mit religiösen Konnotationen versehene »Zeit der Vollendung [erreicht], da der Mensch […] das Gute thun wird, weil es das Gute ist […]«.[165] Diese neue Qualität des Handelns wird noch im Erinnerungsbericht selbst sichtbar. Die Realisierung der Gottergebenheit vollzieht sich schließlich ganz unmittelbar in der dankbaren Aufnahme des Christenkindes Recha. Wichtig bleibt auch, wie Nathan selbst noch vor seinem Bericht diese seine Lebenstat einordnet:

> Ihr, guter Bruder, müßt mein Fürsprach sein,
> Wenn Haß und Gleißnerei sich gegen mich
> Erheben sollten, – wegen einer Tat –
> Ah, wegen einer Tat! – Nur Ihr, Ihr sollt
> Sie wissen! – Nehmt sie aber mit ins Grab!
> Noch hat mich nie die Eitelkeit versucht,
> Sie jemand andern zu erzählen. Euch
> Allein erzähl' ich sie. Der frommen Einfalt
> Allein erzähl' ich sie. Weil die allein
> Versteht, was sich der gottergebne Mensch
> Für Taten abgewinnen kann.[166]

»Ergebenheit in Gott« darf also nicht mit einem Verzicht auf menschliches und gesellschaftliches Handeln verwechselt werden – im Gegenteil: Für Lessing erwachsen gerade aus dieser religiösen Grundhaltung jene Kräfte, die zu einem wahrhaft humanen, nicht mehr auf Lohn rechnenden oder von sonstigen Motiven bestimmten Handeln befähigen. So erst bleibt zu verstehen, was die Ringparabel als Rat des Richters empfiehlt und was in dieser späteren Szene des Dramas wohl kaum ohne hintergründige Absicht in seinem entscheidenden Grundwort wieder aufgegriffen und mit konkretem Gehalt gefüllt wird:

Es eifre jeder seiner unbestochnen
Von Vorurteilen freien Liebe nach!
Es strebe von euch jeder um die Wette,
Die Kraft des Steins in seinem Ring' an Tag
Zu legen! komme dieser Kraft mit Sanftmut,
Mit herzlicher Verträglichkeit, mit Wohltun,
Mit innigster Ergebenheit in Gott,
Zu Hülf'!¹⁶⁷

Ohne die grundlegende und vorausgehende Realisierung dieser innersten
religiösen Grundhaltung, die Lessing als »Ergebenheit in Gott« beschreibt, bleibt herausragendes sittliches und wahrhaft humanes Handeln
offenbar unmöglich.

Im Blick auf diesen Kern wird die Art und Weise der Gottesvorstel-
lung, die ausgefeilte Dogmatik der einzelnen Religionen, völlig zweit-
rangig. Schon früh im Drama wird dies von Recha, die hier ganz als die
Musterschülerin und das Sprachrohr Nathans auftritt, ausdrücklich betont:

> Doch so viel tröstender
> War mir die Lehre, daß Ergebenheit
> In Gott von unserm Wähnen über Gott
> So ganz und gar nicht abhängt.¹⁶⁸

Das alles verweist auf eine Botschaft, die Lessing in seinem *Nathan* auf
poetische Weise vermitteln will, weil sie sich in abstrakter oder lehrhaf-
ter Rede kaum formulieren läßt. Dabei bleiben der religiöse Grundzug
und der mächtige Impetus für eine Neuorientierung des Handelns auf der
Bühne nicht nur Erinnerung an Vergangenes. Unvermittelt und mitrei-
ßend, dabei machtvoll neue Realität herstellend, bricht die damalige religiöse Erfahrung und Grundentscheidung zur Ergebenheit in Gott in die
Gegenwart ein und ermöglicht Nathan eine erneute »Tat«, die der berich-
teten kaum nachsteht. Nun kann er aussprechen und verwirklichen, was
ihm bisher unvorstellbar zu sein schien:

> Hier brauchts Tat!
> Und ob mich siebenfache Liebe schon
> Bald an dies einz'ge fremde Mädchen band;
> Ob der Gedanke mich schon tötet, daß
> Ich meine sieben Söhn' in ihr aufs neue
> Verlieren soll: – wenn sie von meinen Händen
> Die Vorsicht wieder fodert – ich gehorche!¹⁶⁹

Die Bedeutung dieser Aktualisierung der einmal gewonnenen Weisheit
oder Gottergebenheit in einer neuerlichen, dem unergründlichen Rat-

schluß Gottes sich fügenden und gehorchenden Tat ist kaum zu überschätzen.

Weit über die dramatische Handlung hinaus liegt hier »ein insgesamt für die Deutung der Nathan-Figur höchst gewichtiger ›Fingerzeig‹ […]. Wird doch hiermit ein Hinweis auf eine *nicht nur einmal* durchlittene Erfahrung gegeben, sondern darauf, daß das Erfahrene sich wiederholen könne und etwas jederzeit Mögliches sei: etwas dem Dasein bleibend Eingezeichnetes. Dies ist als ein die Dramenhandlung bestimmendes ›Grundzeichen‹ zu verstehen, das die Nathan-Figur bis in den Schluß hinein begleitet. Was immer sonst die vielumstrittene oder auch kritisierte Schlußszene des Stücks zu ›symbolisieren‹ hat, – sie nimmt doch dies Grund- und Sinnzeichen für die Nathan-Figur keineswegs zurück; sie deutet vielmehr unmißverständlich auf eine Art des Weiseseins, das allem rechtenden, rechnenden Denken zu entsagen gelernt hat.«[170]

Auf diese letzte Weisheit der Vernunft, die der Religion keineswegs entsagt, sondern sie auf ihre wahre Tiefe hin konzentriert, will Lessings *Nathan* in seiner vielgestaltigen, noch lange nicht ausgeschöpften parabolischen Ästhetik verweisen. Auch und gerade dieses dramatische Gedicht darf deshalb in besonderer Weise als »ein Schattenriß von dem Ganzen des ewigen Schöpfers«[171] gelten, als Aufscheinen einer Welt, wie sie sich sonst dem menschlichen Auge eher verhüllt und verbirgt. Deshalb macht das Motto darauf aufmerksam, daß in diesem Drama und seiner Wegweisung Gott selbst, zumindest aber eine Spur des Göttlichen zu finden ist. Dabei geht es – so hat sich gezeigt – um die Einweisung in den Sinn der Geschichte. Die im religiösen Akt der Selbstbescheidung und der Gottergebenheit gewonnene Weisheit, die weder graue Theorie bleiben darf noch satte Selbstzufriedenheit schenkt, sondern in eine neue Praxis mündet und diese allererst begründet, bekräftigt deshalb nachdrücklich den Handlungsauftrag des Menschen und müßte sich ohne solche »Tat« in ihr Gegenteil verkehren. Ganz unverstellt hat Lessing hier allen Theologen, erst recht aber dem Kanzelredner Goeze seine eigene Predigt entgegengesetzt. Sie lenkt den Blick weg von dem aporetischen Streit um fragwürdige Begründungen und hin auf die existentiell gelebte, in neuer Praxis sich auswirkende religiöse Grunderfahrung einer letzten »Ergebenheit in Gott«. Dabei folgt Lessing seiner in der *Ankündigung des Nathan* formulierten Überzeugung, daß in einer so verstandenen »natürlichen Welt« dem Menschen weder seine besondere Würde noch die herausragende Verantwortung seines Handelns genommen wird. »Die Utopie, die Lessing im *Nathan* entwirft, zeigt dem Zuschauer/Leser, wie die Welt sein sollte. Damit zeigt sich aber auch, wie die Welt wirklich ist, und was geschehen müßte, um die Kluft zu verringern.«[172] Nichts anderes stellt die Figur des Nathan und das gesamte Drama eindrucksvoll vor Augen, indem es auf poetische Weise tieferen religiösen

Sinn enthüllt und daraus geradezu übermenschliche Taten herleitet und einfordert.

Damit hat Lessing entschieden mehr geleistet, als bloß »vor dem Sitze göttlicher Eingebungen wenigstens die Schwelle desselben zu fegen«,[173] wie seine halb ironische, halb sarkastische Selbstcharakteristik im theologischen Streit vermuten läßt. Dieser Dichter und Denker ist vielmehr ins Allerheiligste selbst vorgedrungen und hat es vor der Vernunft verteidigt und für die Vernunft erobert. Über die Weisheit der Vernunft und die darin gründende wahre Religion hat Lessing in seinem dramatischen Gedicht *Nathan der Weise* gehandelt und so tatsächlich auf dem Theater ungehindert predigen können. Wie kein anderer hat er es verstanden, die Bühne als Kanzel zu nutzen und hier der letzten Wahrheit Raum zu geben.

Anmerkungen

1 Eine erste Fassung des folgenden Textes wurde auf Einladung des Lehrstuhls für Pastoraltheologie und Homiletik der Theologischen Fakultät Paderborn am 24. November 1993 in Paderborn vorgetragen; sie erschien geringfügig überarbeitet und vor allem um theologische Aspekte ergänzt in: *Theologie und Glaube* 85 (1995), S. 12-34. 518-532. Der hier vorliegende, erheblich erweiterte Text wurde auf Einladung der Lessing-Akademie und der Herzog August Bibliothek am 22. Januar 1994 zur Feier von Lessings 265. Geburtstag vorgetragen, wobei Ralf Kleefeld, evangelischer Kirchenrat und Spielleiter der Kleinen Bühne Wolfenbüttel, die originalen Lessing-Passagen rezitierte. Noch im gleichen Jahr wurde die vorliegende Fassung in nochmals stark überarbeiteter Form für den Druck freigegeben. Später erschienene Literatur konnte deshalb nicht mehr eingearbeitet werden. Für eine genauere Begründung der hier vorgelegten Lessing-Interpretation sowie zur Ergänzung verweise ich vor allem auf meine beiden Studien: *Geschichte im Horizont der Vorsehung. G. E. Lessings Beitrag zu einer Theologie der Geschichte*. Mainz 1974; *Lessings Christentum*. Göttingen 1980. Weitere Perspektiven finden sich in meinen neueren Beiträgen: »Die Weisheit der Vernunft. Lessings *Nathan der Weise* im Kontext seines Lebens und Wirkens«. In: *Renovatio. Zeitschrift für das interdisziplinäre Gespräch* 48 (1992), S. 15-29; »›Die Menschen sind nur durch Trennung zu vereinigen!‹ Aspekte einer multikulturellen Gesellschaft im Spätwerk G. E. Lessings«. In: *Multikulturalität. Tendenzen, Probleme, Perspektiven im europäischen und internationalen Horizont*. Hrsg. von Michael Kessler und Jürgen Wertheimer. Tübingen 1995, S. 107-128; »Dichtung und (religiöse) Wahrheit. Überlegungen zu Art und Aussage von Lessings Drama *Nathan der Weise*«. In: *Lessing Yearbook* 27 (1995), S. 1-18; »Die Bühne als Kanzel. Über die religiöse Rede der Dichter«. In: *Faszination Wort. Sprache und Rhetorik in der Mediengesellschaft. Fachtagung 8.-9. September 1994 Tagungszentrum Stadtgarten Schwäbisch Gmünd*. Schwäbisch Gmünd 1995, S. 78-91.

2 Vgl. die chronologisch-dialogische Darbietung dieser (und zugehöriger) Streitschriften in: Gotthold Ephraim Lessing: *Werke 1778-1780*. Hrsg. von Klaus Bohnen und Arno Schilson. Frankfurt a.M. 1993 (*Werke und Briefe* in 12 Bdn. Hrsg. von Wilfried Barner u.a., Bd. 9). Zum Hintergrund vgl. meinen einführenden Kommentar zum Lessing-Goeze-Streit, ebd., S. 753-803, sowie meine Studie: »›Glanz der Wahrheit‹ oder ›blendender Stil‹? Überlegungen zu Gegenstand und Methode in Lessings Streit mit Goeze«. In: *Streitkultur. Strategien des Überzeugens im Werk Lessings*. Hrsg. von Wolfram Mauser und Günter Saße. Tübingen 1993, S. 56-77.

3 Vgl. bes. Johan Melchior Goeze: *Etwas Vorläufiges gegen des Herrn Hofrats Leßings mittelbare und unmittelbare feindselige Angriffe auf unsere allerheiligste Religion, und auf den einigen Lehrgrund derselben, die heilige Schrift, II.*, und die später zugegebene »Anmerkung«. In: Bd. 9, S. 21 und S. 35ff.

4 Ebd. 9, S. 1318.

5 In: *Briefe von und an Lessing 1776-1781*. Hrsg. von Helmuth Kiesel. Frankfurt a.M. 1994 (*Werke* [Anm. 2], Bd. 12), S. 187, Nr. 1390.

6 Bd. 9, S. 692 *(Unterbrechung im theologischen Kampf)*.

7 Die uferlose Literatur dazu kann hier nicht aufgeführt werden; vgl. außer den einschlägigen Hinweisen in Bd. 9, S. 1360-1366 auch den komplementären Band Gotthold Ephraim Lessing: *Werke 1774-1778.* Hrsg. von Arno Schilson. Frankfurt a.M. 1989 (*Werke* [Anm. 2], Bd. 8), bes. die Literaturhinweise S. 1174-1178. Hermann Timm hat den Fragmentenstreit sogar eine »Neuinszenierung der Geistesgeschichte« genannt: »Eine theologische Tragikomödie. Lessings Neuinszenierung der Geistesgeschichte«. In: *Zeitschrift für Religions- und Geistesgeschichte* 34 (1982), S. 1-18.

8 Nämlich die *Nötige Antwort auf eine sehr unnötige Frage des Hrn. Hauptpastor Goeze in Hamburg,* Bd. 9, S. 427-434, und deren *Erste Folge,* ebd., S. 471-479.

9 So im *1. Anti-Goeze,* Bd. 9, S. 97 (dort kursiv).

10 Ebd., S. 49 *(Eine Parabel).*

11 Ebd., S. 342f. *(7. Anti-Goeze);* ähnlich in seinem Rechtfertigungsschreiben an Herzog Carl vom 11.7.1778 (Bd. 12, S. 159, Nr. 1365).

12 Ebd., S. 445; der gesamte Text ebd., S. 445f. Vgl. dazu die an der »Ankündigung« orientierte, äußerst instruktive und eindringliche Studie von Dominik von König: *Natürlichkeit und Wirklichkeit. Studien zu Lessings ›Nathan der Weise‹.* Bonn 1976.

13 Bd. 12, S. 186, Nr. 1389.

14 Ebd., S. 193, Nr. 1398.

15 Erstmals in der »Vorerinnerung« zu *Etwas Vorläufiges,* Bd. 9, S. 121; vgl. ebd., S. 899 zu 119,19.

16 Johan Melchior Goeze: *Leßings Schwächen, I.,* Bd. 9, S. 167; ähnlich schon: *Etwas Vorläufiges,* ebd., S. 120f. .

17 *Sämtliche Schriften.* Hrsg. von Karl Lachmann. Dritte, auf's neue durchgesehene und vermehrte Aufl., besorgt durch Franz Muncker (zitiert: LM). Bd. 4. Stuttgart 1889, S. 404 *(Das Neueste aus dem Reich des Witzes).*

18 Bd. 9, S. 175. Vgl. die Zusammenstellung der einzelnen Belegstellen für Goezes einschlägigen Vorwurf bei Karl Eibl: »Lauter Bilder und Gleichnisse. Lessings religionsphilosophische Begründung der Poesie«. In: *Deutsche Vierteljahrsschrift für Literaturwissenschaft und Geistesgeschichte* 59 (1985), S. 224-252, hier S. 225f. Diesen wichtigen und erhellenden Beitrag ergänzt und vertieft David Hill: »Lessing: die Sprache der Toleranz«, ebd., Bd. 64 (1990), S. 218-246 (mit Angabe der wichtigsten Literatur zu diesem Aspekt).

19 Ebd., S. 372 *(Leßings Schwächen, II.).*

20 Ebd., S. 119 *(Etwas Vorläufiges).*

21 Ebd., S. 150 *(2. Anti-Goeze);* vgl. zur Interpretation dieser Stelle und des dort Folgenden Jürgen Schröder: *Gotthold Ephraim Lessing: Sprache und Drama.* München 1972, S. 75-93; Marion Gräfin Hoensbroech: *Die Liste der Kritik. Lessings kritische Schriften und Dramen.* München 1976, S. 56-91.

22 Ebd., S. 350f. *(8. Anti-Goeze).*

23 Ebd., S. 167; vgl. dazu meine grundsätzlichen Hinweise in: »Lessings ›Kritik der Vernunft‹. Versuch einer ›Aufklärung‹ über die Aufklärung«. In: *Theologische Quartalschrift* 162 (1982), S. 24-30, hier bes. S. 27f.

24 Hill, »Lessing« (Anm. 18), S. 245; vgl. dazu auch den feinsinnigen Beitrag von Ingrid Strohschneider-Kohrs: »Die Vorstellung vom ›unpoetischen‹ Dich-

ter Lessing«. In: *Das Bild Lessings in der Geschichte*. Hrsg. von Herbert G. Göpfert. Heidelberg 1981, S. 13-35.

25 Friedrich Schlegel: »Über Lessing«. In: *Kritische Friedrich-Schlegel-Ausgabe*. Hrsg. von Ernst Behler u.a. Bd. 2. München 1967, S. 100-125, hier S. 118 (kursiv); nur wenig später, S. 124, schränkt Schlegel ein und meint, diese Dichtung sei »nicht bloß die Fortsetzung des Anti-Götze Numero Zwölf [...]«.

26 Renate Homann: *Selbstreflexion der Literatur. Studien zu Dramen von G. E. Lessing und H. von Kleist*. München 1986, S. 189, Anm. 21. Auch wenn man der *Nathan*-Interpretation dieser Arbeit nicht zustimmen mag, bleibt ihr nachdrücklicher Hinweis darauf, daß Lessings Lösung der Religionsproblematik »im Unterschied zu der politischen und zu der philosophischen dezidiert poetisch« (S. 196) sei, richtig und wegweisend. Ebenso wichtig und einschlägig auch Peter Pfaff: »Theaterlogik. Zum Begriff einer poetischen Weisheit in Lessings *Nathan der Weise*«. In: *Lessing Yearbook* 15 (1983), S. 95-109; ebenfalls die frühere Arbeit von Joachim Desch: »Lessings ›poetische‹ Antwort auf die Reimarusfragmente«. In: *Hermann Samuel Reimarus (1694-1768), ein ›bekannter Unbekannter‹ der Aufklärung in Hamburg*. Göttingen 1973, S. 75-95.

27 So die zutreffende Kapitelüberschrift bei Peter Pütz: *Die Leistung der Form. Lessings Dramen*. Frankfurt a.M. 1986, S. 242. Enttäuschend bleibt die bloße Erwähnung (statt: intensive Erörterung) dieses besonderen Aspekts bei Walter Jens: »Gotthold Ephraim Lessing: Theologie und Theater«. In: Ders.: *Ort der Handlung ist Deutschland. Reden in erinnerungsfeindlicher Zeit*. München 1981, S. 165-184, hier S. 174: »*Von der Kanzel auf das Theater zu kommen: Die bis zur Formel zugespitzte Wendung zeigt an, wie kurz der Weg herüber und hinüber war* [...]«.

28 Ebd., S. 245, dazu die in Anm. 26 genannte Literatur.

29 Von König, *Natürlichkeit* (Anm. 12), S. 16; dort heißt es weiter: »Die Utopie, die Lessing im *Nathan* entwirft, zeigt dem Zuschauer/Leser, wie die Welt sein sollte. Damit zeigt sich aber auch, wie die Welt wirklich ist, und was geschehen müßte, um die Kluft zu verringern.«

30 Bd. 9, S. 445 *(Ankündigung)*.

31 Otto Haßelbeck: *Illusion und Fiktion. Lessings Beitrag zur poetologischen Diskussion über das Verhältnis von Kunst und Wirklichkeit*. München 1979, S. 163 und 157. Gegenüber dieser wichtigen und einfühlsamen Studie bleibt allerdings zu fragen, ob die ästhetische »Illusion« bei Lessing tatsächlich als reine – und damit ›un-wirkliche‹ – »Fiktion« zu betrachten ist.

32 Von König, *Natürlichkeit* (Anm. 12), S. 177f.

33 Beatrice Wehrli: *Kommunikative Wahrheitsfindung. Zur Funktion der Sprache in Lessings Drama*. Tübingen 1983, S. 150; zum *Nathan* insgesamt ebd., S. 147-171 – eine Interpretation, die u. a. zu dem m. E. unbefriedigenden Ergebnis kommt: »Dem Nathan gleich bewährt sich auch Lessings ›Weisheit‹ nicht in seinem Vorsehungsglauben, sondern in der Praxis des ›vir bonus‹ als dem idealen Rhetor [...]« (S. 170).

34 Haßelbeck, *Illusion* (Anm. 31), S. 160f.; vgl. dazu ergänzend, wenn auch mit anderer Ausrichtung: Hill, »Lessing« (Anm. 18) und Homann, *Selbstreflexion* (Anm. 26), S. 179-236.

35 Zu der hier herangezogenen Stelle aus dem *Nathan* (III 6, 350-360; Bd. 9, S. 554) und der Münzmetaphorik vgl. bereits die einläßliche Untersuchung von Helmut Göbel: *Bild und Sprache bei Lessing.* München 1971, S. 181-193 (zur gesamten »Bildlichkeit« im *Nathan* ebd., S. 154-195); ferner Hans-Jürgen Schlütter: »›[...] als ob die Wahrheit Münze wäre.‹ Zu *Nathan der Weise* III, 6«. In: *Lessing Yearbook* 10 (1978), S. 65-74; Helmut Fuhrmann: »Lessings ›Nathan der Weise‹ und das Wahrheitsproblem«. In: *Lessing Yearbook* 15 (1983), S. 63-94, hier S. 66f. und S. 87, Anm. 8. Zur Sache selbst, also zur Kontingenz oder aber Transzendenz der Wahrheit vgl. außer der eben genannten Studie von Fuhrmann neuerdings vor allem Eibl, »Lauter Bilder« (Anm. 18), sowie Hill, »Lessing« (Anm. 18).

36 Ralf Simon: »Nathans Argumentationsverfahren. Konsequenzen der Fiktionalisierung von Theorie in Lessings Drama *Nathan der Weise*«. In: *Deutsche Vierteljahresschrift für Literaturwissenschaft und Geistesgeschichte* 65 (1991), S. 605-635, hier S. 626.

37 Vgl. LM 13, S. 394 *(Ernst und Falk, Viertes Gespräch).* »Das Geheimniß der Freymäurerey [...] ist das, was der Freymäurer *nicht* über seine Lippen bringen *kann,* wenn es auch möglich wäre, daß er es *wollte.*« Mit Recht stellt Lessing im § 76 seiner zur gleichen Zeit verfaßten *Erziehung des Menschengeschlechts* fest: »Das Wort Geheimniß bedeutete, in den ersten Zeiten des Christenthums, ganz etwas anders, als wir itzt darunter verstehn [...]« (LM 13, S. 431f.).

38 LM 13, S. 415 *(Erziehung des Menschengeschlechts).*

39 Ingrid Strohschneider-Kohrs: *Vernunft als Weisheit. Studien zum späten Lessing.* Tübingen 1991, S.16f. (unter Rückgriff auf Lessings *Hamburgische Dramaturgie,* 2. Stück; Bd. 6 [Anm. 43], S. 196) und S. 101. Dieser ebenso bedeutenden wie eindringlichen Arbeit, vor allem aber der dort zu findenden feinsinnigen und filigranen Nathan-Interpretation (S. 19-122) verdanke ich vielfache und wertvolle Anregungen und fühle mich zugleich in der Grundrichtung meiner eigenen Lessing- bzw. *Nathan*-Deutung(en) (vgl. Anm. 1, 2 und 23) nachhaltig bestätigt.

40 Bd. 9, S. 543 *(Nathan* III 1, 75).

41 Eibl, »Lauter Bilder« (Anm. 18), S. 251f.; ähnlich auch Homann, *Selbstreflexion* (Anm. 26); Pütz, *Leistung* (Anm. 27); Hill, »Lessing« (Anm. 18); Simon, »Nathans Argumentationsverfahren« (Anm. 36).

42 Vgl. dazu ausdrücklich, wenn auch in einigen Punkten kontrovers: von König, *Natürlichkeit* (Anm. 12), S. 155-180; Homann, *Selbstreflexion* (Anm. 26), S. 227-229 (diese feinsinnige und kluge Arbeit, nicht zuletzt ihre Sinndeutung »der Selbstreflexion der Gattung des dramatischen Gedichts«, verdient größere Beachtung und lohnt eine eindringliche Auseinandersetzung); Pütz, *Leistung* (Anm. 27), S. 246f.; Sigrid Suesse-Fiedler: *Lessings »Nathan der Weise« und seine Leser: Eine wirkungsästhetische Studie.* Stuttgart 1980, S. 75f. samt zugehörigen Anmerkungen, S. 333f.

43 In: Gotthold Ephraim Lessing: *Werke 1767-1769.* Hrsg. von Klaus Bohnen. Frankfurt a.M. 1985 (*Werke* [Anm. 2], Bd. 6), S. 423.

44 Agnes Seppelfricke: *Die systematische Einheit der Ansätze Lessings zu Ästhetik, Religions- und Geschichtstheorie.* Diss. phil. Bonn 1984, S. 251; zum *Nathan* insgesamt S. 249-281.

45 Suesse-Fiedler, *Lessings »Nathan«* (Anm. 42), S. 333f., Anm. 172; hier finden sich weitere wertvolle und einschlägige Hinweise zu diesem Problem. Deshalb erscheint das Urteil von Pütz, *Leistung* (Anm. 27), S. 246, problematisch, die Bezeichnung »Gedicht« beziehe »sich auf die Versifizierung des Stücks«. Vgl. auch Lessings eigene Bezeichnung der Tragödie als »Gedicht« im 77. Stück der *Hamburgischen Dramaturgie;* Bd. 6, S. 567 und 570.

46 Ebd., S. 75.

47 Vgl. von König, *Natürlichkeit* (Anm. 12), S. 155f.

48 Vgl. ebd., S. 160-166.

49 Bd. 6, S. 578.

50 Von König, *Natürlichkeit* (Anm. 12), S. 165.

51 Vgl. die Hinweise bei Suesse-Fiedler, *Lessings »Nathan«* (Anm. 42), S. 75f. samt Anm. 173ff.

52 Ebd., S. 76.

53 Wehrli, *Wahrheitsfindung* (Anm. 33), S. 150, Anm. 11.

54 Günther Mahal: *Auktionales Theater – die Bühne als Kanzel. Autoritäts-Akzeptierung des Zuschauers als Folge dramatischer Persuasionsstrategie.* Tübingen 1982, S. 151. Vgl. dazu außer der in der folgenden Anm. genannten vorzüglichen Studie von Schrimpf die einschlägige Untersuchung von Reinhold Grimm: »Lessing – ein Vorläufer Brechts?«. In: *Lessing Yearbook* 6 (1974), S. 36-58.

55 Vgl. Hans Joachim Schrimpf: »Lessing und Brecht. Von der Aufklärung auf dem Theater«. In: Ders.: *Der Schriftsteller als öffentliche Person. Von Lessing bis Hochhuth.* Berlin 1977 (separat: Pfullingen 1965).

56 Ebd., S. 71.

57 Vgl. Klaus Bohnen: *Nathan der Weise. Über das ›Gegenbild einer Gesellschaft‹ bei Lessing«.* In: *Deutsche Vierteljahresschrift für Literaturwissenschaft und Geistesgeschichte* 53 (1979), S. 394-416. Bohnen hat diesen seinen Aufsatz sowie andere Beiträge oder entsprechende Kapitel aus einschlägigen Buchpublikationen (z.B. aus Schröder, *Lessing* [Anm. 21] und Göbel, *Bild* [Anm. 35]) in einem von ihm hrsg. hilfreichen Sammelband erneut abgedruckt: *Lessings »Nathan der Weise«.* Darmstadt 1984, hier: S. 374-401.

58 Vgl. dazu die subtile Studie von Hendrik Birus: »›Introite, nam et heic Dii sunt!‹ Einiges über Lessings Mottoverwendung und das Motto zum *Nathan«.* In: *Euphorion* 75 (1981), S. 379-410, zum *Nathan* S. 400-410. Ähnlich einläßlich, allerdings mehr den *Nathan*-Kontext berücksichtigend, auch Strohschneider-Kohrs, *Vernunft* (Anm. 39), S. 114-122. Ergänzend vgl. auch Pfaff, »Theaterlogik« (Anm. 26), S. 97-99; Hermann Timm: »Der dreieinige Ring. Lessings parabolischer Gottesbeweis mit der Ringparabel des *Nathan«.* In: *Euphorion* 77 (1983), S. 113-126, hier S. 113f.

59 Strohschneider-Kohrs, *Vernunft* (Anm. 39), S. 115f.

60 Bd. 12, S. 200, Nr. 1405.

61 Ebd., S. 225, Nr. 1434 (10. Januar 1779).

62 Birus, »Introite« (Anm. 58), S. 400.

63 Zur verwickelten und bedeutungsvollen Herkunfts- und Überlieferungsgeschichte vgl. ebd., S. 405-410.

64 Griechischer Text in: *Die Fragmente der Vorsokratiker.* Griechisch/Deutsch

von Hermann Diels. Hrsg. von Walther Kranz. Bd. 1. Aufl. 18. Berlin 1989, S. 146 (Herakleitos A 9); deutsche Übersetzung nach: *Die Vorsokratiker. Die Fragmente und Quellenberichte.* Übers. und eingel. von Wilhelm Capelle. Stuttgart 1940, S. 142.

65 Timm, »Ring« (Anm. 58), S. 114. Anders außer Birus, »Introite« (Anm. 58), S. 400 u. ö., vor allem Strohschneider-Kohrs, *Vernunft* (Anm. 39), S. 114f., die betont: »Auch *hier* in *dieser* Dichtung, [...] auch hier im Bereich des Literarischen, in der poetischen Erscheinungswirklichkeit dieses Dramas, des vorliegenden Theaterstücks gibt es die als gegenwärtig erfahrbare ›Gestalt‹ von Wahrheit; – jenes wesenhaft ›Wahre‹, von dem die mit dem Zitat erinnerte Heraklit-Anekdote den Philosophen der Alten sagen ließ, daß dies – oder die ›Götter‹ – auch in der Wirklichkeit profanen Lebens anzutreffen seien.«

66 Birus, »Introite« (Anm. 58), S. 400.

67 Pütz, *Leistung* (Anm. 27), S. 283; vorsichtiger Seppelfricke, *Einheit* (Anm. 44), die meint: »Nicht nur die Kategorie der ›Vorsehung‹, sondern das Motto indizieren die spezifisch religiöse Problematik des Schauspiels.«

68 Vgl. LM 16, S. 470-476, hier S. 470f.

69 Vgl. dazu Euripides, *Ion* I 128-130; dort ist allerdings »Phoibos« anstelle von »Christus« zu finden.

70 LM 16, S. 471 *(Bibliolatrie)*.

71 Birus, »Introite« (Anm. 58), S. 400.

72 Diesen Begriff bringt Lessing vor allem in seinen *Axiomata, wenn es deren in dergleichen Dingen giebt,* Bd. 9, S. 53-89, hier S. 69 und S. 78ff.; vgl. dazu vor allem Harald Schultze: »Lessings Auseinandersetzung mit Theologen und Deisten um die ›innere Wahrheit‹«. In: *Lessing in heutiger Sicht. Beiträge zur Internationalen Lessing-Konferenz Cincinnati, Ohio 1976.* Hrsg. von Edward P. Harris und Richard E. Schade. Bremen und Wolfenbüttel 1977, S. 179-184; Johannes von Lüpke: *Wege der Weisheit. Studien zu Lessings Theologiekritik.* Göttingen 1988, S. 66-75; Gerhard Freund: *Theologie im Widerspruch. Die Lessing-Goeze-Kontroverse.* Stuttgart 1989, S. 190ff.

73 Alle Zitate, auch im vorigen Satz, aus: *Eine Parabel,* Bd. 9, S. 41-44, hier S. 42f.

74 Strohschneider-Kohrs, *Vernunft* (Anm. 39), S. 116; s. auch ebd., S. 116-121.

75 Vgl. die eindrucksvollen einschlägigen Belege ebd., S. 118f.

76 Birus, »Introite« (Anm. 58), S. 402; auch Pfaff, »Theaterlogik« (Anm. 26), S. 97ff., hier S. 99, betont die »Zwiefalt der griechisch-hebräischen Tradition, die das Drama allusiv beruft [und] seinem Motto« entspricht.

77 Ebd., S. 410.

78 Ebd., S. 400.

79 Vgl. statt anderer die vorzügliche, höchst informative Zusammenfassung bei Wilfried Barner: *Barockrhetorik. Untersuchungen zu ihren geschichtlichen Grundlagen.* Tübingen 1970, S. 86-131: »Exkurs: ›Theatrum mundi‹. Der Mensch als Schauspieler«; ergänzend auch Peter Rusterholz: *Theatrum vitae humanae. Funktion und Bedeutungswandel eines poetischen Bildes. Studien zu den Dichtungen von Andreas Gryphius, Christian Hofmann von Hofmannswaldau und Daniel Casper von Lohenstein.* Berlin 1970.

80 Ebd., S. 93.

81 Urs Herzog: *Geistliche Wohlredenheit. Die katholische Barockpredigt.* München 1991, S. 64, vgl. dort zum Thema »Predigt – Drama, Schauspiel« S. 58-80, zum Thema »Literatur und Predigt« S. 80-87. Die in diesem Werk behandelte und mustergültig ausgewertete sowie zusammengefaßte Primär- und Sekundärliteratur erlaubt die Beschränkung der unabdingbar notwendigen Belege auf diese Studie, deren Ergebnisse für des Folgende maßgeblich verwendet werden. Ergänzend vgl. auch Constantin Pohlmann: »Die theologische Konzeption der Barockpredigt«. In: *Theologie und Glaube* 49 (1959), S. 30-38.

82 Ebd.

83 Zitiert ebd., S. 370, Anm. 336.

84 Ebd., S. 89, hier unter Bezugnahme auf den versteckten, aber gleichwohl wichtigen Artikel »Predigtstuhl«. In Johann Heinrich Zedler: *Grosses vollständiges Universal-Lexicon.* Bd. 29. Leipzig und Halle 1741, S. 279-291.

85 Ebd., S. 94; in diesem Kontext geht es um die »Predigt der Kanzel« (S. 89-107), ein Thema, dem sich aus ergänzender und zudem konfessionell anderer Perspektive widmen Peter Poscharsky: *Die Kanzel. Erscheinungsformen im Protestantismus bis zum Ende des Barock.* Gütersloh 1963, bes. S. 214-286: »Die Kanzel im Barock«; Hartmut Mai: *Der evangelische Kanzelaltar. Geschichte und Bedeutung.* Halle 1969, hier v.a. S. 125ff.: »Der Kanzelaltar als ›theatrum sacrum‹«.

86 Ebd., S. 98.

87 Vgl. ebd., S. 89-98, dazu die einschlägigen Hinweise aus Zedler, *Universal-Lexicon* (Anm. 84), S. 290.

88 Ignaz Wurz: *Anleitung zur geistlichen Beredsamkeit.* Bd. 1. Wien 1770, S. 223, zitiert nach Werner Welzig: »Vom Nutzen der geistlichen Rede. Beobachtungen zu den Funktionsweisen eines literarischen Genres«. In: *Internationales Archiv für Sozialgeschichte der deutschen Literatur* 4 (1979), S. 1-23, hier S. 21.

89 Herzog, *Wohlredenheit* (Anm. 81), S. 73.

90 Ebd., S. 91.

91 Gebhard Spahr: *Oberschwäbische Barockstraße I. Ulm bis Tettnang.* Weingarten 1986, S. 181. Natürlich kann, wie ebd., S. 70, anschaulich beschrieben, auch der gesamte Kirchenraum im Barock zu einem eindrucksvollen »Theatrum sacrum« werden. – Vgl. das Foto dieser Kanzel, in diesem Band S. 21.

92 Vgl. dazu statt anderer die knappe Zusammenfassung bei Albrecht Schöne: *Säkularisation als sprachbildende Kraft. Studien zur Dichtung deutscher Pfarrerssöhne.* Göttingen 1958, S. 11f.; zum Pietismus Wolfgang Martens: »Officina Diaboli. Das Theater im Visier des Halleschen Pietismus«. In: Ders.: *Literatur und Frömmigkeit in der Zeit der frühen Aufklärung.* Tübingen 1989, S. 24-49.

93 Erwin Piscator: *Aufsätze, Reden. Gespräche.* Berlin 1968, S. 28, zitiert nach Mahal, *Theater* (Anm. 54), S. 150 (kursiv).

94 Mahal, *Theater* (Anm. 54), S. 147, vgl. insgesamt S. 146-152: »Die Bühne als Kanzel«.

95 Vgl. dazu vor allem Ernst Robert Curtius: *Europäische Literatur und lateinisches Mittelalter.* Bern und München 1969 (1948), S. 221-234; Hubert Gersch: *Geheimpoetik. Die ›Continuatio des abenteuerlichen Simplicissimi‹*

interpretiert als Grimmelshausens verschlüsselter Kommentar zu seinem Roman. Tübingen 1973, S. 124 bzw. 131-135; Rolf Bachem: *Dichtung als verborgene Theologie. Ein dichtungstheoretischer Topos vom Barock bis zur Goethezeit und seine Vorbilder.* Diss. phil. Bonn 1955.

96 Curtius, *Literatur* (Anm. 95), S. 226.

97 Gersch, *Geheimpoetik* (Anm. 95), S. 132.

98 Martin Opitz: *Buch von der Deutschen Poeterey.* In: *Gesammelte Werke.* Kritische Ausg. Bd. 2/1. Stuttgart 1978, S. 331-416, hier S. 344.

99 Ebd., S. 360.

100 Vgl. ebd., S. 344; dazu bes. Gersch, *Geheimpoetik* (Anm. 95), S. 131-134.

101 Ebd., S. 349.

102 Zitiert nach der 3. Aufl. von 1742, abgedruckt in: *Ausgewählte Werke.* Hrsg. von Joachim Birke und Brigitte Birke. Bd. 6/1. Berlin und New York 1973, bes. S. 137f. und 224-253.

103 Ebd., S. 239.

104 Ebd., S. 239f.

105 Ebd., S. 227f.; ähnlich S. 137f.

106 Vgl. dazu grundsätzlich Schöne, *Säkularisation* (Anm. 92), bes. die Einführung, S. 7-28, sowie dort S. 11ff. und 16f. zur differenzierten Stellung Luthers wie des Luthertums zur theologischen Bedeutung von Poesie und Theater.

107 Vgl. LM 15, S. 120-124.

108 Vgl. Bd. 9, S. 715f.

109 Ebd.

110 Ebd., S. 152; vgl. auch S. 153 und 207.

111 Vgl. ebd., S. 717f.

112 Vgl. dazu und zum Folgenden die einschlägigen Abschnitte in Verf., *Geschichte* (Anm. 1), S. 72-82 u. ö. (s. Register); ders., *Christentum* (Anm. 1), S. 56-62; außer der dort bereits genannten Literatur vor allem Schrimpf, *Lessing* (Anm. 55); Haßelbeck, *Illusion* (Anm. 31), S. 119-158. Wichtig auch Jochen Schmidt: *Die Geschichte des Genie-Gedankens in der deutschen Literatur, Philosophie und Politik 1750-1945.* 2 Bde. Darmstadt 1985; zu Lessing vgl. Bd. 1, S. 69-85.

113 Dietrich Harth: *Gotthold Ephraim Lessing oder die Paradoxien der Selbsterkenntnis.* München 1993, S. 203.

114 Haßelbeck, *Illusion* (Anm. 31), S. 156.

115 Bd. 6, S. 348 (34. Stück).

116 Zum Gegensatz von »wirklich« und »natürlich« vgl. die *Ankündigung des Nathan,* dazu oben S. 10f. und unten S. 28-30.

117 Bd. 6, S. 577f. (79. Stück).

118 Haßelbeck, *Illusion* (Anm. 31), S. 156.

119 Schrimpf, »Lessing« (Anm. 55), S. 70.

120 Von König, *Natürlichkeit* (Anm. 12), S. 177.

121 Haßelbeck, *Illusion* (Anm. 31), S. 157.

122 Vgl. Bd. 9, S. 445 (*Ankündigung*) .

123 Von König, *Natürlichkeit* (Anm. 12), S. 178. Suesse-Fiedler, *Lessings »Nathan«* (Anm. 42), S. 295, bemerkt richtig: »Lessing liefert somit mit seinem *Nathan* keine Lösungen, keine einfache Lehre, bietet keine gebrauchsfertigen

Ideologien an, sondern gibt seinem Leser statt dessen mit dessen Verunsicherung den Anstoß zum Selbstdenken.« Um Lessings offene und ideologiefreie »Aufklärung auf dem Theater« geht es vor allem bei Schrimpf, »Lessing« (Anm. 55).

124 Ebd.; vgl. auch S. 179, Anm. 316, wo von König Lessings ›Kanzelwort‹ genau in diesen Zusammenhang rückt, ohne dies allerdings genauer auszuführen.

125 Vgl. unter literaturwissenschaftlicher Rücksicht etwa Urs Herzog: »Die Predigt«. In: *Prosakunst ohne Erzählen. Die Gattungen der nichtfiktionalen Kunstprosa.* Tübingen 1985, S. 145-167; unter theologischer, genauer: homiletischer Rücksicht die einschlägigen Kompendien von Rudolf Bohren: *Predigtlehre.* München 1974; Hans W. Dannowski: *Kompendium der Predigtlehre.* Gütersloh 1985; Rolf Zerfaß: *Grundkurs Predigt.* 2. Bde. Düsseldorf 1987/1992.

126 Im folgenden wird knapp zusammengefaßt, was in den Texten und Kommentaren von Bd. 8 und Bd. 9 sowie der dort genannten Literatur genauer entfaltet ist.

127 Bd. 8, S. 584 *(Eine Duplik).*

128 Bd. 9, S. 84f. *(Axiomata).*

129 Ebd., S. 63f. (ebd.), im Original kursiv.

130 Vgl. Bd. 8, S. 444 *(Über den Beweis des Geistes).*

131 Ebd., S. 518f. *(Eine Duplik).*

132 Vgl. Bd. 9, S. 41-44.

133 Ebd., S. 42.

134 Ebd., S. 43.

135 Ebd., S. 79 *(Axiomata);* s. Anm. 72.

136 Ebd., S. 372 *(Leßings Schwächen, II.;* z.T. kursiv).

137 Vgl. Anm. 8.

138 LM 13, S. 353.

139 Hans-Friedrich Wessels: *Lessings ›Nathan der Weise‹. Seine Wirkungsgeschichte bis zum Ende der Goethezeit.* Königstein 1979, S. 21; vgl. dort bes. S. 20-24 zu »Theologiekritik und Dramatik« sowie das ganze Werk der frühen Wirkungsgeschichte des *Nathan.*

140 Suesse-Fiedler, *Lessings »Nathan‹«* (Anm. 42), S. 67; vgl. dort bes. S. 66ff.

141 Vgl. die hier einschlägige wichtigste Literatur bei Verf., *Geschichte* (Anm. 1), S. 249, Anm. 26, und S. 252, Anm. 41-44, sowie Verf., *Christentum* (Anm. 1), S. 100f., auch die einschlägigen Aufsätze in: *Lessings ›Nathan der Weise‹* (Anm. 57), bes. S. 11-152; programmatisch vor allem Klaus Heydemann: »Gesinnung und Tat. Zu Lessings *Nathan der Weise«.* In: *Lessing Yearbook* 7 (1975), S. 69-104, u. v. a. m. Vor allem die katholische Theologie hat zwischen 1850 und 1950 Lessing so gedeutet und als relativistischen Denker und Dichter reiner Humanität abgelehnt, besonders im Blick auf den *Nathan* und seine Ringparabel; vgl. dazu Verf.: »Zur Wirkungsgeschichte Lessings in der katholischen Theologie«. In: *Bild Lessings* (Anm. 24), S. 69-92, hier S. 78f. (Literatur). Dezidiert anders und entschieden differenzierter urteilen heutige Interpreten, z. B. Hans Küng (»[…] Humanität in Religiosität gegründet […]«) und Walter Jens ([…] Anwalt jener *praxis pietatis,* die den zur Ver-

nunft führenden Vorsehungsplan Gottes am verläßlichsten erfüllt [...]«). In: Dies.: *Dichtung Religion. Pascal, Gryphius, Lessing, Hölderlin, Novalis, Kierkegaard, Dostojewski, Kafka.* München und Zürich 1988, hier S. 95 und 118; ebenfalls Hermann Timm: *Gott und die Freiheit. Studien zur Religionsphilosophie der Goethezeit.* Bd. 1.: *Die Spinozarenaissance.* Frankfurt a.M. 1974, S. 20: »Auch hat man die bekannte Ringparabel fälschlicherweise so gelesen, als ob aus der Gleichgültigkeit aller offenbarungstheologischen Positivitäten eine Abkehr ins praktische Engagement gefolgert werde. In Wahrheit exponiert *Nathan* die religiöse Grundfrage in einer Form, die zu neuartigen theoretischen Aktivitäten motivieren will.« Vgl. auch Strohschneider-Kohrs, *Vernunft* (Anm. 39), S. 64f., die sich u. a. zustimmend auf Timm beruft.

142 Diese bewußt zugespitzte These steht gegen eine breite (nicht unbedingt aber größte) Zahl einschlägiger und zugleich ebenso wichtiger Arbeiten, zuletzt etwa Homann, *Selbstreflexion* (Anm. 26) und Simon, »Nathans Argumentationsverfahren« (Anm. 36). Daß die hier verfolgte Spur dennoch durchaus gute Gründe für sich hat, vermag eine so tiefschürfende Interpretation wie die von Strohschneider-Kohrs, *Vernunft* (Anm. 39), einsichtig zu machen.

143 Bd. 9, S. 553 (III 5, 322-325, 329-336).

144 Ebd., S. 554 (III 6, 350-360); zur Geld-Wahrheitsmetaphorik, vgl. Anm. 35.

145 Ebd., S. 557f. (III 7, 459-474).

146 Ebd., S. 559 (III 7, 513-516, 524-532).

147 Strohschneider-Kohrs, *Vernunft* (Anm. 39), S. 59, macht darauf aufmerksam, daß dieses »Wort [...] nur selten, – nur von Recha und an ausgezeichneten Stellen des Stücks von *Nathan* verwendet wird« (vgl. III 1, 74f. [Bd. 9, S. 543], III 7, 531 [ebd., S. 559]; IV 7, 656 [ebd., S. 596]); s. a. dort S. 63-66 u. ö.

148 Ebd. und insgesamt S. 62-107 die eingehende Deutung von *Nathan* IV 7 (Bd. 9, S. 592-599).

149 Vgl. dazu besonders die brillante Studie von Ortrud Gutjahr: »Rhetorik des Tabus in Lessings *Nathan der Weise*«. In: *Streitkultur* (Anm. 2), S. 269-278.

150 Ebd., S. 271; ähnlich bereits Schröder, *Lessing* (Anm. 21), S. 247-268, der im *Nathan* »Lessings Utopie der Verständigung« (S. 268) dargestellt sieht.

151 Ebd.

152 Ebd., S. 278

153 Vor allem die einschlägige Studie von Christoph E. Schweitzer: »Die Erziehung Nathans«. In: *Monatshefte für deutschen Unterricht, deutsche Sprache und Literatur* 53 (1961), S. 277-284.

154 Strohschneider-Kohrs, *Vernunft* (Anm. 39 und Anm. 147).

155 Simon, »Nathans Argumentationsverfahren« (Anm. 36), S. 625f.

156 Strohschneider-Kohrs, *Vernunft* (Anm. 39), S. 96.

157 Bd. 9, S. 486 (I 1, 30f.).

158 Strohschneider-Kohrs, *Vernunft* (Anm. 39), S. 101; zum Hiob-Thema vgl. bes. S. 62-101. Das Folgende lehnt sich locker an diese minutiöse Darstellung an, zumal meine eigenen Interpretationslinien (vgl. Anm. 1) dadurch noch besser begründet und bestätigt werden.

159 Ebd., S. 67 (z.T. kursiv).

160 Bd. 9, S. 596f. (IV 7, 667-688).

161 Simon, »Nathans Argumentationsverfahren« (Anm. 36), S. 626.

162 Statt anderer vgl. den Exkurs bei Strohschneider-Kohrs, *Vernunft* (Anm. 39), S. 74-80. Von Friedolin Stier stammt der Begriff »conversio sapientis«, von Georg Fohrer der Hinweis, Hiobs Anerkennung der Unbegreiflichkeit von Gottes Handeln sei als »Eingeständnis eines Weisen« zu begreifen. Wichtig auch der Hinweis auf Luther (S. 75f.), der »›Ratschluß‹ mit Weisheit übersetzt«, und die Erinnerung an Kant, bei dem im Wort »Ratschluß« noch deutlich »ein Hinweis auf eine nachgerade umgreifende religiöse Bedeutung wahrzunehmen ist« (S. 79). Vgl. neuestens auch Werner Brändle: »Hiob – ein tragischer Held? Überlegungen zur Theodizeeproblematik der Hiobdichtung«. In: *Kerygma und Dogma* 39 (1993), S. 282-292.

163 Ebd., S. 80.

164 Ebd., S. 96.

165 LM 13, S. 433 (*Erziehung des Menschengeschlechts*, § 85).

166 Bd. 9, S. 595f. (IV 7, 647-657).

167 Ebd., S. 559 (III 7, 525-532).

168 Ebd., S. 543 (III 1, 73-76).

169 Ebd., S. 597 (IV 7, 693-699).

170 Strohschneider-Kohrs, *Vernunft* (Anm. 39), S. 89f.; zum Thema Weisheit vgl. auch neuerdings von Lüpke, *Wege* (Anm. 72), zu *Nathan* S. 142-162, sowie Verf., »Weisheit« (Anm. 1).

171 Bd. 6, S. 577 *Hamburgische Dramaturgie* (79. Stück).

172 Von König, *Natürlichkeit* (Anm. 12), S. 16.

173 LM 16, S. 471; s.o. zu Anm. 69-71.